Teneriffa

Izabella Gawin

▶ Dieses Symbol im Buch verweist auf den großen Faltplan!

Bienvenido! – Willkommen

Mein heimliches Wahrzeichen	4
Erste Orientierung	6
Schlaglichter und Impressionen	8
Geschichte, Gegenwart, Zukunft	12
Übernachten	14
Essen und Trinken	16
Reiseinfos von A bis Z	18

Unterwegs auf Teneriffa

Teneriffa 15 x direkt erleben

Der Osten 30

Santa Cruz 30
La Laguna 40
Candelaria 46

direkt 1	**Alt trifft Neu – vom Parque Sanabria zur Rambla**	37
	Romantischer Park mit moderner Kunst.	
direkt 2	**Tascas und Tapas – leckere Häppchen in La Laguna**	44
	Zum Inselwein probiert man *montaditos* und *pinchos*	
direkt 3	**Spurensuche – Guanchen-Pyramiden in Güímar**	47
	Hatten die Ureinwohner Kontakt mit der Neuen Welt?	
direkt 4	**Naturschutzoase – Reserva Ambiental de San Blas**	51
	Durch eine wilde Schlucht und über einen See.	
direkt 5	**Wale und Delfine beobachten – vor Los Gigantes**	56
	Bootsfahrt zu den faszinierenden Meeressäugern.	

Der Süden und Südwesten 49

El Médano 49 Granadilla 50 Los Abrigos und Golf del Sur 54
Los Cristianos 54 Las Américas 55 Costa Adeje 61
Bahía del Duque 63 San Juan und Alcalá 64
Puerto de Santiago/Los Gigantes 68

direkt 6	**Fangfrisch – traditionelle Fischerei in La Caleta**	65
	Morgens gefangen, mittags bereits auf den Tisch.	

direkt 7 | **Dramatik pur – Wandern in der Masca-Schlucht** 71
Zwischen hohen Steilwänden zu einem einsamen Strand.

Der Nordwesten 70

Santiago del Teide 70   Teno-Gebirge 70
Buenavista del Norte 70   Los Silos 74
Garachico 76   Icod del los Vinos 80
San Ruan de la Rambla 81

direkt 8 | **Romantische Zeitreise – zwei Plätze in Garachico** 78
Von Aufstieg, Untergang und Wiedergeburt der Stadt.

direkt 9 | **Unterirdisch – die ›Windhöhle‹ in Icod de los Vinos** 82
Mehrgeschossige Galerien und Lava-Stalaktiten.

direkt 10 | **Pinguine, Orcas, Papageien – Tierwelt im Loro Parque** 89
Schönster und größter Tierpark der Kanaren.

direkt 11 | **Feudale Balkonhäuser – Doce Casas in La Orotava** 94
Der verflossene Zauber der Vergangenheit.

Der Norden 84

Puerto de la Cruz 84
La Orotava 91   Tacaronte 96
Mesa del Mar und El Pris 99
Bajamar und Punta del Hidalgo 99

direkt 12 | **Probieren und studieren – Weinprobe in El Sauzal** 97
Weinverköstigung in einem ehemaligen Gutshof.

direkt 13 | **Panoramastraße in grünen Höhen – im Anaga-Gebirge** 100
Vorbei an steilen Schluchten zu entlegenen Fischerdörfern.

Das Inselzentrum 103

Vilaflor 103
El Portillo 104
Parador 107   Roques de Garcia 107
Parque Nacional del Teide 107

direkt 14 | **Vulkane erwandern – von El Portillo zur Felsfestung** 105
Bizarre Felsformationen in ockerfarbenen Sandwüsten.

direkt 15 | **Auf den Gipfel des Teide – Spaniens höchsten Berg** 109
Per Seilbahn oder zu Fuß auf den 3718 m hohen Vulkan.

Sprachführer   112
Kulinarisches Lexikon   114
Register   116
Autorin, Abbildungsnachweis, Impressum   120

Bienvenido!
Mein heimliches Wahrzeichen

Urlauber, die von der Küste in Shorts und Flipflops aufbrechen, um das Landesinnere kennenzulernen, reiben sich wenig später die Augen – Schnee auf der Insel des ewigen Frühlings? Tatsächlich ist der weiß gepuderte Teide keine Fata Morgana und man versteht plötzlich, woher die Insel ihren Namen hat: In Teneriffa steckt *nieve,* das spanische Wort für Schnee. Aber der 3718 m hohe Teide ist noch für weitere Überraschungen gut. Austretende Erdhitze und Schwefelgas erinnern nämlich daran, dass man sich auf einem noch nicht erloschenen Vulkan bewegt.

Erste Orientierung

Was soll man sich anschauen?

Für einen reinen Strandurlaub ist Teneriffa viel zu schade! Was man sich nicht entgehen lassen sollte, ist eine Fahrt hinauf zum 3718 m hohen **Teide** (▶ D 5), dem höchsten Berg im Atlantik, mit dem gleichnamigen Nationalpark und dem Riesenkrater der Cañadas. Während das hochalpine ›Dach der Insel‹ sich vulkanisch karg präsentiert, sind Teneriffas übrige Gebirge – **Teno** (▶ A/B 4/5) im Nordwesten und **Anaga** (▶ H/J 1/2) im Nordosten – teilweise üppig grün.

Die neue und die alte Hauptstadt, **Santa Cruz** (▶ H 2) und **La Laguna** (▶ H 2), lohnen einen Besuch, weit weniger die Orte an der zersiedelten, über die Autobahn TF-1 erschlossenen Ostküste. Auch die Kurvenstraße von Güímar nach Granadilla, die sich durch mittleren Höhenlagen zieht, gehört nicht gerade zu Teneriffas Höhepunkten. Im Süden, wo sich die Ferienresorts drängen, gibt es kaum Historisches zu entdecken. Hier locken Strände und Bootstrips, im Hinterland erkundet man die **Höllenschlucht** (Barranco del Infierno, ▶ C 6/7). Beschaulicher geht es im Nordwesten zu, der von Klippen und zerklüfteten Gebirgen, kleinen Küstenstädten und abgeschiedenen Bergdörfern geprägt ist. Sehenswert sind vor allem **Masca** (▶ B 4) und **Garachico** (▶ B/C 3). Das üppig grüne **Valle de Orotava** (▶ E 3) galt Humboldt einst als schönstes Tal der Welt. Zwar ist es heute zersiedelt, doch unverändert grandios ist der allgegenwärtige Blick auf den Teide.

Die Ferienzentren

Teneriffas Urlaubsmekka ist der **Süden,** wo sich ab **El Médano** über **Las Amé-** ricas/**Costa Adeje** bis **Los Gigantes** (▶ E 8–B 5) eine Ferienstadt an die nächste reiht: 150 000 Betten wurden hier hochgezogen, in denen das Gros der knapp 5 Mio. Inselbesucher seine Ferien verbringt. Die Zahlen klingen abschreckend, doch es gibt auch individuelle Nischen – viel hängt hier von der Wahl des Ortes und des Hotels ab. Die Vorteile des Südens sind die schönen, hellen Strände und die vielfältigen Möglichkeiten, Wassersport zu treiben und Bootsausflüge zu unternehmen. Dazu scheint fast immer die Sonne, und die touristische Infrastruktur ist perfekt: Von chilligen Lounges bis zu Top-Spas findet man so ziemlich alles, was gerade angesagt ist. Das Publikum ist international und altersmäßig bunt gemischt.

Größtes Urlaubszentrum im **Norden** ist **Puerto de la Cruz** (▶ E 3). Erst war es ein Fischerort, dann ein Winterkurort für die britische Upper Class, und allerorts stößt man auf Spuren seiner 500-jährigen Geschichte. Die weniger guten Bademöglichkeiten und der oft wolkenverhangene Himmel werden durch üppiges Grün und die Nähe zu Wandergebieten wettgemacht; auch zu den sehenswerten historischen Städten hat man es nicht weit. Ein vor allem deutsches, zumeist älteres Publikum schätzt es, den Urlaub nicht in einer touristischen Kunstwelt, sondern in kanarischem Ambiente zu verbringen.

Außerhalb der Ferienzentren

Alternativen zu den Ferienzentren sind kleine, stilvolle Hotels in den schönsten Orten der Insel (La Orotava, Garachico und La Laguna) oder abseits an der Küste in Tejina, Los Silos oder Buenavista.

Erste Orientierung

Der Bilderbuchstrand Playa de Teresitas nahe der Hauptstadt Santa Cruz

Wer viel wandern will, findet in Spaniens höchstgelegenem Bergort **Vilaflor** (▶ D 6) gute Unterkünfte. Noch weiter oben, in über 2000 m Höhe am Fuß des Teide, liegt der komfortable Parador, das staatliche Hotel im Landhausstil. Auch in mittleren Höhenlagen ist ›ländlicher‹ Tourismus auf dem Vormarsch, in Form von rustikalem Wohnen in restaurierten Natursteinhäusern von anno dazumal (s. Kap. »Übernachten«, S. 14).

Für Kulturfreaks, Nachteulen und Wanderer ist auch die Hauptstadt Santa Cruz nach ihrem umfassenden Facelifting keine schlechte Wahl. Im von Stararchitekt Calatravas entworfenen Auditorium gibt es hochkarätige Konzerte und nahebei eine lebendige Ausgehmeile. Über den attraktiven Teresitas-Strand im 10 km entfernten San Andrés kommt man ins Anaga-Gebirge.

Mietauto oder Bus?

Die Insel mag klein aussehen, doch auf den kurvenreichen Straßen im zerklüfteten Terrain kommt man, auch aufgrund der enormen Höhenunterschiede, nur langsam voran. Schnell sind nur die Autobahnen, die die Ferienzentren des Südens und Nordens mit der Hauptstadt Santa Cruz verbinden. Für alle, die viel unterwegs sein wollen, lohnt es sich, einen Leihwagen zu nehmen, denn Miete und Sprit sind vergleichsweise günstig. Wanderer können sich überlegen, ob sie nicht lieber auf den öffentlichen Bus zurückgreifen wollen – dann müssen sie nicht immer zum Ausgangspunkt zurücklaufen. Im Nationalpark sind die Buslinien optimal auf Wanderer ausgerichtet. Auch das Anaga-Gebirge erreicht man relativ gut, nicht aber das Teno-Massiv.

Schlaglichter und Impressionen

Wettermacher Passat

Dem Passatwind wird man in jedem Teneriffa-Urlaub begegnen: Er weht von Nordost und ist nach seinem langen Lauf über den Atlantik vollgesogen mit Feuchtigkeit. Sobald er auf Teneriffas Berge stößt, kondensiert diese zu dichten Wolken. Sie bedecken den Norden der Insel in 500 bis 1200 m Höhe; dazu gehören das Anaga-Gebirge und die Hochebene von La Laguna, das Orotava-Tal und Teile des Teno-Massivs. Höhere, trockene Luftschichten hindern die Wolken daran, weiter aufzusteigen und in den Süden zu schwappen. So kommt es vor, dass man an der Nordküste bei verhangenem Himmel startet, dann das Wolkenmeer durchstößt, um weiter oben strahlenden Sonnenschein zu erleben.

Doch die Passatwolken bewirken mehr als nur Klimaunterschiede. Sie teilen Teneriffa auch optisch und kulturell in zwei Hälften: Während im Norden dank der Feuchtigkeit und milder Temperaturen eine üppig subtropische Flora gedeiht, sorgt die ›ewig‹ scheinende Sonne im Süden für Dürre und eine wüstenhafte Landschaft. Nur wo Wasser ist, konnte Landwirtschaft gedeihen, sodass alle wichtigen Städte auf der dem Passatwind zugewandten Nordseite entstanden. Heute hat sich die Erwirtschaftung des Reichtums nach Süden verlagert, denn nur wo konstant die Sonne scheint, blüht der Tourismus. Übrigens rührt der Name des Windes von *passare* (vorbeiziehen). Er wurde ihm verliehen, als nach Entdeckung der Neuen Welt 1492 Segelschiffe von ihm quasi automatisch nach Amerika befördert wurden. Die Kanarier sprechen gern auch vom »elysischen Wind« *(viento alisio)*, weil er ihnen ›paradiesische‹ Frische zufächelt.

Alexander von Humboldt

Humboldt weilte 1799 zwar nur eine Woche auf Teneriffa, doch war diese so produktiv, dass sie in die Geschichte einging: Beim Aufstieg von der Küste zum 3718 m hohen Teide fand der Naturforscher eine Bestätigung für seine »Pflanzengeografie«, die bis heute die Grundlage der Botanik bildet. Und weil er ihre Insel enthusiastisch anpries, wird er von den Tinerfeños bis heute verehrt. Nirgendwo, schrieb er, habe er »ein so mannigfaltiges, so anziehendes, durch die Verteilung von Grün und Felsmassen so harmonisches Gemälde« vor sich

Schlaglichter und Impressionen

gehabt wie im Valle de Orotava. Weil bekanntlich die Liebe durch den Magen geht, hat man nach dem Naturforscher die besten Inselweine benannt: süße, im Eichenfass gereifte Dessertweine der Marke Humboldt.

Deutsche Kolonie?

Ende des 19. Jh. bemühte sich Deutschland um den Kauf der Kanaren: Der Archipel sollte als Zwischenstation auf dem Weg in seine afrikanischen Kolonien dienen. Mit deutschem Geld entstanden in den Cañadas das erste Observatorium und ein Sanatorium, in Puerto de la Cruz gab es ein Humboldt-Kurhotel und eine zoologische Forschungsstation. Mit den beiden Weltkriegen kam freilich alles anders. Erst der Massentourismus ab den 1950er-Jahren hat für eine dauerhafte ›Kolonialisierung‹ gesorgt. Vor allem im Norden der Insel ist die deutsche Präsenz stark. Es gibt eine deutsche Schule (www.dstenerife.eu), auf die auch gern Spanier ihre Kinder schicken, eine evangelische und eine katholische Kirchengemeinde, zwei deutsche Radiosender und mehrere Zeitschriften. Viele Hoteliers haben einen deutschen Ursprung, wenngleich sie inzwischen ›kanarisiert‹ sind. Wer den deutschsprachigen *Wochenspiegel* durchblättert, staunt über die vielen Anzeigen deutscher Handwerker, Ärzte und Anwälte, die ihre Dienste anbieten. Dazu gibt es ca. 50 000 deutsche Residenten, die hier nicht nur den Winter verbringen!

Urbanisationen ohne Ende

Wer nur soll in all den vielen Häusern wohnen? Von Santa Cruz über den Flughafen bis in den Südwesten reiht sich eine Siedlung an die nächste. Und im Norden sieht es kaum besser aus.

Das Valle de Orotava faszinierte schon Alexander von Humboldt

Schlaglichter und Impressionen

Zwei ›Hofdamen‹ der Karnevalskönigin

Die Insel ist von der Küste bis in die mittleren Höhenlagen fast zugebaut. Jahrelang hatten die spanischen Banken, beflügelt durch Milliardenanlagen ausländischer Großinvestoren, billiges Kreditgeld an jedermann vergeben – selbst für Kleinstverdiener schien der Kauf einer Wohnung günstiger als die Miete. So groß war der Ansturm, dass selbst dort Bauland erschlossen wurde, wo es dieses gar nicht hätte geben dürfen. Dank gut geölter Korruption wurde sogar in Naturschutzgebieten gebaut. Der Ansturm auf Immobilien verteuerte diese so sehr, dass sich die Haushalte auf Jahrzehnte verschuldeten. Doch selbst hohe Schulden nahmen die Tinerfeños in Kauf. Sie trösteten sich damit, dass ihr Haus mit jedem Jahr an Wert gewinne und zur Not leicht ablösbar sei. Dieser Irrglaube zerschlug sich mit der Weltfinanzkrise ab 2008, als die Immobilienblase platzte und spanische Banken den Bürgern den Geldhahn zudrehten ... Die Bauindustrie, in Spaniens Boom-Zeit der entscheidende Wirtschaftsmotor, brach ein, und Abertausende verloren ihren Job. Heute haben die Kanaren mit 30 % eine der höchsten Arbeitslosenzahlen des Landes. Und wo kein regelmäßiges Einkommen ist, kann der Kredit nicht bedient werden. Die Wohnung geht in den Besitz der Bank über, die nun über viele verpfändete Immobilien verfügt. Das große Angebot bei nur geringer Nachfrage führt zwangsläufig zu Preisverfall.

Siesta und Co.

Zwischen 13 und 17 Uhr, wenn die Sonne am stärksten scheint, werden die Bürgersteige hochgeklappt. Läden schließen, der Autoverkehr ruht; nach dem Mittagessen ziehen sich die Tinerfeños zum obligatorischen Nickerchen zurück. Vor allem auf dem Land ist die Siesta noch heilig, deshalb sollten Besuche auf die Zeit danach verschoben

Schlaglichter und Impressionen

werden. Punkt 17 Uhr beginnt das Leben wieder zu pulsieren, viele Tinerfeños arbeiten jetzt in einer zweiten Schicht bis 20 Uhr. Danach wollen sie das Leben in vollen Zügen genießen: Sie trinken mit Freunden ein Bier und denken erst spät ans Essen. Auch viele Kinder sind noch nachts auf der Straße zu sehen.

Namenswirrwarr

Man hat seine Mühe mit den vielen Namen: Die Inselbewohner heißen Tinerfeños, doch weil sie zugleich Kanarier sind, nennt man sie auch *canarios*. Eingefleischten Insulanern passt das gar nicht, weil damit, wie sie meinen, die große Rivalin Gran Canaria ungebührlich in den Mittelpunkt des Archipels gerückt werde. Führende Politiker und Zeitungsmacher fordern allen Ernstes, die Nachbarinsel Gran Canaria solle ihren Namen ändern, weil sie weder die größte noch die kanarischste der Inselgruppe sei. Der Insulaner, dem das alles egal ist, nennt sich nach einer einheimischen Fischart schlicht *chicharrero* (›Sardinling‹).

Karneval

Das ganze Jahr wird in den Karnevalsateliers in Noria, dem Ausgehviertel von Santa Cruz, gewerkelt, genäht und geübt. Ab Jahresbeginn herrscht dann Hochbetrieb – der Karneval naht! Er ist der beste zwischen Rio und Köln und sorgt für einen wochenlangen Ausnahmezustand: erst in der Hauptstadt, dann im Süden und Norden. Den Auftakt bildet die *Gala de la Reina*, die Wahl der Karnevalskönigin, die viel Haut im zentnerschweren Glitzerkostüm zeigt. *Murgas*, schräge Spaßmachertruppen, singen scharf gewetzte Spottlieder, *comparsas*, Frauen in knappstem Dress, heizen die Stimmung an. Beim *mogollón*, der allnächtlichen Open-Air-Disco, wird zu Samba, Salsa und Son bis zum Morgen durchgetanzt. Am Samstag folgt die *cabalgata*, eine stundenlange Jecken-Prozession, am Dienstag der *coso*, eine zweite *cabalgata*.

Höhepunkt ist die »Beerdigung der Sardine« (*entierro de la sardina*), bei der ein riesiger Pappfisch entzündet wird: Eine tausendköpfige, schwarz gewandete Trauergemeinde klagt dabei tränenschwer, denn nun bricht für sie die lange Zeit der Entsagung an. Ein allerletztes Mal Austoben kann man sich aber beim Abschlussfest *Piñata*.

Daten und Fakten

Größe/Lage: Teneriffa ist mit 2034 km² die größte der sieben kanarischen Inseln. Sie liegt rund 1300 Km südlich von Spanien. Geografisch gehören die Kanaren zu Afrika, politisch zu Spanien und damit zur EU. Sie bilden die Region Canarias, die in zwei Provinzen geteilt ist: Santa Cruz de Tenerife ist Hauptstadt der Westprovinz, zu der auch die Inseln La Palma, Gomera und El Hierro gehören.
Bevölkerung: Auf Teneriffa leben ca. 900 000 Menschen, davon die Hälfte im Großraum Santa Cruz-La Laguna. Hinzu kommen viele Residenten aus Europa.
Religion: Fast alle Tinerfeños sind katholisch.
Wirtschaft: Mit etwa 3 Mio. ausländischen Urlaubern im Jahr trägt der Tourismus am meisten zum Bruttosozialprodukt bei. Mit großem Abstand folgen Landwirtschaft und Fischerei.

Geschichte, Gegenwart, Zukunft

Rätselhafte Guanchen

Nach seiner Entstehung (vor 20 Mio. bis 1 Mio. Jahren) blieb der Archipel lange unbewohnt. Erst ab ca. 500 v. Chr. wurde er schrittweise von Berbern aus Nordwestafrika besiedelt. Über die Gründe kann nur gerätselt werden: Handelte es sich um Abenteurer, die wegen der Ausdehnung der Sahara nach neuem Lebensraum suchten? Oder waren sie Zwangsdeportierte einer römischen Strafkolonie? Fest steht, dass die Inselbewohner, die sich Guanchen nannten, Berberisch sprachen, was sich bis heute an Orts-, Personen- und Pflanzennamen ablesen lässt (z. B. Anaga, Güímar, Teno). Schriftliche Zeugnisse in Form libyscher Zeichen blieben bislang unentziffert. Die Guanchen lebten als Ziegenhirten und Bauern in einer hierarchischen Gesellschaft. Zur führenden Kaste gehörten der Herrscher (*mencey*) und seine Hohepriester (*faicanes*), die sich mit dem ›niederen Volk‹ nicht mischten. Bis über den Tod hinaus wurden die Klassenunterschiede gepflegt: Nur Mitglieder der Oberschicht wurden aufwendig mumifiziert. Mehr über die Guanchen erfährt man in den Museen von Santa Cruz, La Laguna und Puerto de la Cruz, in Güímar und San Blas.

Spanische Conquista: Unterwerfung der Guanchen

Im 14. Jh. begannen europäische Seefahrer, die ihnen unbekannte Atlantikküste Afrikas zu erforschen: Sie suchten einen direkten Zugang zu den Goldschätzen des Schwarzen Kontinents und zugleich eine ›islamfreie‹ Seeroute in die Fernen Osten. Dabei stießen sie 1312 auf die Kanaren. Für die mittelalterlichen Europäer waren die Inselbewohner heidnische Wilde, die es zu missionieren und zu unterwerfen galt. 150 Jahre lang kam es zu Sklavenraubzügen und Scharmützeln, bevor Ende des 15. Jh. die spanische Krone den Archipel militärisch unterwarf – Teneriffa wurde 1496 erobert.

Kolonialisierung: Spanien im Atlantik

Nach dem spanischen Sieg wurde das Land an die Eroberer verteilt. Diese gingen sogleich daran, aus ihm Gewinn zu schlagen. Sie ließen das ›weiße Gold‹ Zuckerrohr anbauen; als billige Arbeitskraft dienten ihnen jene Guanchen, die die Conquista überlebt hatten, sowie afrikanische Sklaven. Der Archipel wurde in den lukrativen Dreieckshandel zwischen Europa, Afrika und Amerika einbezogen. Spanische Flotten liefen die Inseln auf dem Weg in die Kolonien der Neuen Welt an, versorgten sich mit Proviant und nahmen kanarische Waren an Bord. Allerdings sorgte die erste Globalisierung dafür, dass billiger karibischer Zucker den kanarischen rasch verdrängte.

Ab Ende des 16. Jh. wurde das spanische Reich, „in dem die Sonne nie unterging", wiederholt von den konkurrierenden Kolonialmächten England, Holland und Frankreich attackiert. Korsaren griffen die Kanaren an, um spanische Kolonialschätze abzufangen und die Inseln als Versorgungsbasis unsicher zu machen.

Auf den Zucker folgte Wein als exportorientierte Monokultur. Hauptabnehmer war lange Zeit England, das

Geschichte, Gegenwart, Zukunft

Gern werden die Guanchen als edle Wilde dargestellt

aber aufgrund der kolonialen Konkurrenz schließlich auf Tropfen anderer Länder zurückgriff. Ende des 19. Jh., als Großbritannien zur führenden Weltmacht aufstieg, wurden englische Kaufleute auf den Kanaren aktiv und initiierten den Anbau profitabler Frachtgüter (Tomaten und Bananen). Jede Krise einer Monokultur zwang Tausende Kanarier in die Emigration nach Amerika.

Aufbrüche im 20. Jahrhundert

Nach dem Zerfall des überseeischen spanischen Kolonialreichs (1898) bemühten sich Großbritannien, Deutschland und Belgien um die Kontrolle über den geostrategisch wichtigen Archipel. Innenpolitisch war Spanien instabil: Der in den 1920er- und 30er-Jahren unternommene Versuch, die feudalen Strukturen durch Land- und Bildungsreform zu reformieren, führte in einen Bürgerkrieg (1936–1939), der auf Teneriffa seinen Ausgang nahm. In der anschließenden fast vier Jahrzehnte währenden Franco-Diktatur herrschten Großgrundbesitzer, Miliär und Kirche autark – es gab keinerlei demokratische Mitspracherechte. Der ab 1960 verordnete Massentourismus wurde auf den Kanaren zur neuen Monokultur. Mit Einführung der Demokratie nach Francos Tod (1975), besonders aber nach Spaniens EU-Beitritt (1986), setzte eine rasante Modernisierung aller Lebensbereiche ein. Als »ultraperiphere EU-Region« kamen speziell die Kanaren in den Genuss großzügiger Fördergelder in allen Lebensbereichen.

Ausblick

Die Weltfinanzkrise hat auch in Spanien das Modell ›Leben auf Pump‹ hinweggefegt. Teure Projekte auf Teneriffa wie der Bau eines neuen Hafens in Granadilla und der Umbau der Meeresfront in Santa Cruz sind vorerst auf Eis gelegt. Zwar ist auf den Kanaren die Arbeitslosigkeit aufgrund der zurückgefahrenen Bauindustrie hoch, doch hat der Tourismus bislang kaum Einbrüche erlitten.

Übernachten

Vom Pensionszimmer für 30 € bis zur zehnmal so teuren Luxus-Suite, von all inclusive an der Küste bis hochalpin im Parador, von rustikal bis chillig – auf Teneriffa ist alles möglich!

Neue und alte Resorts

In den letzten Jahren wurde einiges getan, um das Bettenburg-Image zu korrigieren. Im Süden entstanden architektonisch aufwendige Vier- und Fünfsterne-Resorts mit künstlichen Sandstränden und weitläufigen Pool-Landschaften, subtropischen Gärten und Golfplätzen – so in Los Abrigos, Bahía del Duque, La Caleta, Abama und Alcalá.

In den alten Ferienzentren wurden Autostraßen verkehrsberuhigt und begrünt und in die Jahre gekommene Hotels umgestylt. Immer mehr Häuser werden all inclusive angeboten, um populär zu bleiben: Hier kann der Kunde sein Reisebudget klar kalkulieren, muss nicht mit versteckten Nebenkosten rechnen.

Unter Einheimischen

Eine Alternative zur touristischen Kunstwelt ist Urlaub auf dem Land. Hier kommt man leicht mit Einheimischen und anderen Gästen in Kontakt, genießt kanarische Lebensart und erhält Tipps für Unternehmungen aus erster Hand. Mit EU-Geldern wurden auf Teneriffa fast 100 verfallene, historische Häuser restauriert und komfortabel eingerichtet. Die Palette reicht von der einfachen Bauernkate bis zum großen Gutshof. Doch sollte man bei der Bu-

Das Grand Hotel El Mirador in Bahía del Duque

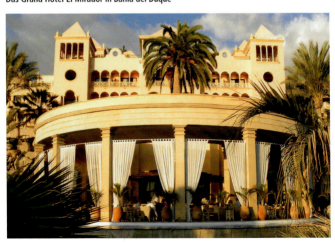

chung Lage und Höhe der jeweiligen *casa rural* berücksichtigen: Im Norden ist es feuchter als im Süden und pro 100 Höhenmetern ein Grad kälter als an der Küste. Vermittelt werden die Häuser z. B. über:

ATTUR: Calle Castillo 41, 38002 Santa Cruz de Tenerife, Tel. 922 53 27 33, www.attur.es.

Karin Pflieger: Lohkoppelweg 26, 22529 Hamburg, Tel. 040 560 44 88, www.turismorural.de.

Ferienhäuser

Ferienhäuser entsprechen nicht unbedingt dem traditionellen Baustil und sind nicht so alt wie *casas rurales.* Oft befinden sie sich an der Küste und sind komfortabel ausgestattet, nicht selten haben sie einen Pool. Vermittelt werden sie von großen Reiseveranstaltern sowie von folgenden Agenturen:

Canarias Reisen: Tel. 05121 28 93 93, www.canarias-reisen-bleidorn.de.

Finca Ferien: Tel. 05067 65 26, www.fincaferien.de.

Teneriffa Travel: Tel. 05171 22 03 88, www.teneriffa-finca.info.

Las Casas Canarias: Tel. 922 49 11 32, www.lascasascanarias.com.

Camping

Wildes Campen ist verboten, doch unterhält die Inselregierung eine Reihe spartanischer Campingflächen, auf denen man gratis bis max. 7 Tage übernachten kann – zuvor ist allerdings eine schriftliche Genehmigung einzuholen. Infos: www.todotenerife.es, Stichwort »Camping- und Zeltplätze«.
Kommerzielle Campingplätze gibt es bei Las Galletas, oberhalb von Alcalá und in Mesa del Mar. Mit Abstand am besten ist Montaña Roja bei El Médano. Der Platz liegt am Strand La Tejita, bietet Verleih von Zelten, Campingwagen und Hütten, Stellplätze für den eigenen Camper sowie gute sanitäre Anlagen. Auch ein Café-Bistro gibt es, Autos und Räder sind ausleihbar.

Camping Montaña Roja: TF-643 Km 3, Tel. 922 17 99 03, www.tenerife-campingplaya.com.

Herbergen

Im Anaga- und im Teno-Gebirge gibt es zwei Komfort-Herbergen (s. S. 70 und 102), die ein guter Startpunkt für Wandertouren sind. In der Schutzhütte Altavista übernachtet man während des Teide-Aufstiegs (S. 111).

Saison

Auf Teneriffa ist ganzjährig Saison. Die meisten Urlauber kommen im Winter, um nach nur vier bis fünf Flugstunden im ›ewigen Frühling‹ zu landen. Am teuersten ist es in den Winter- und Osterferien, am billigsten im Mai und Juni.

Buchungsportale

Der Vorteil liegt auf der Hand: Detailreiche Erlebnisberichte von Gästen zeigen Schwächen und Stärken einer Unterkunft auf. Allerdings müssen nicht alle Kritiken echt sein. Im Kampf um Kunden schreiben Freunde die Kommentare, manchmal auch Feinde; auch sollte nicht vergessen werden, dass das Portal bei jeder Buchung mitverdient.
www.trivago.com
www.tripadvisor.com
www.hotelbooking.com
www.holidaycheck.de

Essen und Trinken

Die Tinerfeños bleiben ihrem bäuerlichen Ursprung treu, legen mehr Wert auf Frische und Qualität als auf raffinierte Zubereitungsarten: »Warum soll ich einen Fisch in einer Soße ertränken, wenn schon sein Fleisch eine Delikatesse ist?« Pedro Rodríguez, Teneriffas Starkoch, muss es wissen!

Am Meer Fisch, in den Bergen Fleisch

Je nach Saison fangen die Fischer *bonito* (Thun), *merluza* (Seehecht), *sama* (Zahnbrasse) und weitere Arten – fragen Sie nach dem Tagesfisch *(pescado del día)!* Fisch kommt gekocht, gegrillt und gebraten auf den Tisch, am häufigsten *a la plancha,* d. h. auf ›heißer Metallplatte‹ mit wenig Fett gebraten und anschließend mit Knoblauch gewürzt. So bleibt der Eigengeschmack erhalten, keine Soße täuscht über mögliche Mängel hinweg. Ist Fisch *al horno* hergerichtet, hat man ihn im Ofen gegart und mit Kräutersoße beträufelt. Eher selten bekommt man *pescado a la sal:* Fisch wird mit einer zentimeterdicken Salzschicht gegart, die vor dem Verzehr entfernt wird – so bleibt das Fleisch saftig und zart. Um mehrere Fische zu kosten, wählt man eine *parrillada* (Grillplatte), die man sich zu zweit teilen kann. Beliebte Meeresfrüchte sind *calamares,* die man frittiert von zu Hause kennt, aber auch *chocos, chipirones* und *pulpos* – allesamt aus der Familie der Tintenfische. Ungewöhnlich sind *lapas:* von den Felsen geschabte Napfschnecken, die mit Zitrone beträufelt köstlich schmecken!

In den Bergen stärkt man sich mit deftigem Fleisch: *conejo, cabra* und *cabrito* (Kaninchen, Ziege und Zicklein). Zunächst wird das Tier – ohne Beachtung der Anatomie – in kleine Stücke zerhackt und in einer *salmorejo* genannten Tunke aus Essig und Wein, Öl, Kräutern und Gewürzen mariniert. Danach wird das Fleisch frittiert und zuletzt in der Marinade zum Kochen gebracht. Wem das zu kräftig erscheint, greift zu *puchero,* einem Eintopf mit viel Gemüse und Fleisch; die vegetarische Version heißt *potaje.* Eine Spezialität ist *potaje de berros,* eine kräftige Suppe aus Wildkresse, gern stilecht im Holznapf serviert.

Runzelkartöffelchen und Gofio

Ob zu Fisch oder Fleisch – immer mit von der Partie sind Kartoffeln. ›Olle Knollen‹ gibt es auf Teneriffa in erstaunlicher Vielfalt: klein und groß, mit glatter und rauer Schale, violett oder schwarz. Sie heißen nicht wie auf dem spanischen Festland *patatas,* sondern wie in Südamerika *papas* und sind direkte Nachfahren der zu Beginn des 17. Jh. von den Anden auf den Archipel verpflanzten Sorten. Sie bewahrten sich jenen intensiven Geschmack, den diese in 7000 Jahren Anbau auf dem peruanischen Hochland erwarben. Meist kommen *papas arrugadas* (Runzelkartoffeln) auf den Tisch: kleine Knollen, die mit viel Meersalz ›runzelig‹ gekocht und mit pikanter Soße serviert werden. Letztere besteht aus feurigem Chili *(mojo picón)* oder Kräutern *(mojo verde),* Olivenöl, Essig und Knoblauch.

Essen und Trinken

Einfach und köstlich: Runzelkartöffelchen, Chilisoße und frischer Ziegenkäse

Nicht jedermanns Sache ist *gofio*, das schon die Ureinwohner kannten. Das Mehl aus gerösteten und gemahlenen Getreidekörnern wird zum Andicken von Suppen und Eintöpfen verwendet; mit Brühe vermischt wird daraus ein Brei, der mit Zwiebelschalen als Beilage ›gelöffelt‹ wird.

Finale: Süß oder pikant

Lecker sind Desserts, die mit der Mandel-Honig-Creme *bienmesabe* (›schmeckt mir gut‹) verfeinert werden. Ausgefallen ist auch *gofio*-Mousse, das mit Milch oder Sahne angedickt wird. Keinesfalls sollte man sich eine Kostprobe des einheimischen Käses entgehen lassen. Er stammt aus der Milch frei weidender Ziegen und Schafe und kommt in den Reifegraden zartjung, halbreif und reifpikant in den Handel *(tierno, semicurado* und *curado)*.

Wasser und Wein aus dem Vulkan

Teneriffa hat eine lange Weintradition und entsprechend gute Tropfen (s. S. 97) Von guter Qualität ist das Quellwasser *Fuente Alta*, das aus den Tiefen des Teide stammt und reich an Calzium, Magnesium und Natrium ist. Es ist auch Bestandteil des auf der Insel gebrauten, eher milden Biers *Cerveza Dorada*.

Nicht EU-konform – *guachinches*

Wo Wein wächst, öffnen die *guachinches*. Ein improvisiertes Schild am Straßenrand weist den Weg zur umgebauten Garage, dem Garten-Pavillon oder der Familien-Bodega. *Guachinches* entstehen mit der Weinlese Anfang November und schließen, wenn das letzte Fass geleert worden ist, meist März oder April. Damit der junge Wein den Gästen nicht zu Kopf steigt, wird als Beigabe Deftiges angeboten: Kaninchen und Ziege, Fisch und Kalamar, Eintopf und Käse. Die Stimmung ist gut, für 10 € wird der Gast satt und beschwipst. *Guachinches* findet man vorwiegend zwischen La Orotava und La Laguna.

Reiseinfos von A bis Z

Anreise

Fast alle Urlauber kommen mit dem Flieger nach Teneriffa. Die meisten großen Flughäfen Deutschlands, Österreichs und der Schweiz, Belgiens und der Niederlande unterhalten Direktverbindungen nach Teneriffa; besonders vielfältig ist das Angebot im Winter. Verstärkt drängen auch Billigflieger wie Ryanair (www.ryanair.com) und Germanwings (www.germanwings.com) auf den Markt. Mithilfe von Buchungsportalen wie z. B. www.billig-flieger-vergleich.de oder www.swoodoo.com kann man sich für den gewünschten Termin die günstigste Verbindung heraussuchen. In der Regel gilt: Frühbucher zahlen weniger.

Ankunft

Teneriffa hat zwei Flughäfen, einen im Norden (Aeropuerto Norte) und einen im Süden (Aeropuerto Sur). Die meisten Urlauber landen auf dem Südflughafen und werden, sofern sie ihre Reise pauschal gebucht haben, vom Reiseveranstalter per Bus zur Unterkunft gebracht. Die Transferzeit zu den Touristenorten der Südküste beträgt ca. 20–45 Min., nach Puerto de la Cruz im Norden ca. 1 Std. Wer individuell reist, kann auf beiden Flughäfen auf eine gute Infrastruktur zurückgreifen. Es gibt eine Informationsstelle und Geldwechsel, Autoverleihfirmen, öffentliche Busse und Taxis.

Transfer mit dem Taxi

Die Taxipreise sind hoch: Für eine Fahrt vom Flughafen Süd in die Ferienzentren des Südens zahlt man 20–30 €, für eine Fahrt in den Norden muss man das Vierfache berappen.

Transfer mit dem Leihwagen

Vom Südflughafen kommt man auf der TF-1 schnell in den Süden; wer den Norden anpeilt, wechselt bei Santa Cruz auf die TF-5. Erkundigen Sie sich bei der Buchung der Unterkunft nach der besten Autobahnausfahrt *(salida)* – allein für Puerto de la Cruz gibt es acht (Nr. 32–39)!

Transfer mit dem Bus

Ab dem Südflughafen kommt man mit den Bussen 111 und 343 halbstündlich nach Las Américas, zusätzlich mit Bus 340 nach Los Cristianos. Nach Santa Cruz fahren Busse der Linie 111, nach Puerto de la Cruz via Aeropuerto Norte 340 und 343. Alle Verbindungen sind auf der Website der Busgesellschaft gelistet: www.titsa.com.

Einreisebestimmungen

Ausweispapiere

Es ist ein gültiger Personalausweis bzw. Reisepass mitzuführen. Dies gilt auch für Kinder und Jugendliche, sofern sie nicht vor 2007 im Pass der Eltern eingetragen wurden. EU-Bürger können unbegrenzt auf Teneriffa bleiben, Schweizer ohne Visum bis zu drei Monate.

Zollbestimmungen

Die Kanarischen Inseln gehören zwar zum Zollgebiet der EU, haben aber abweichende Mehrwert- und Verbrauchssteuern. Die genauen Zollmengen sind nachzulesen unter www.zoll.de.

Reiseinfos von A bis Z

Feiertage

1. Januar: Neujahr *(Año Nuevo)*
6. Januar: Dreikönigstag *(Los Reyes)*
1. Mai: Tag der Arbeit *(Día del Trabajo)*
30. Mai: Tag der kanarischen Autonomie *(Día de Canarias)*
15. August: Mariä Himmelfahrt *(Asunción)*
12. Oktober: Tag der spanischsprachigen Welt *(Día de la Hispanidad)*
1. November: Allerheiligen *(Todos los Santos)*
6. Dezember: Verfassungstag *(Día de la Constitución)*
8. Dezember: Mariä Empfängnis *(Immaculada Concepción)*
25. Dezember: Weihnachten *(Navidad)*
Gründonnerstag *(Jueves Santo)*, Karfreitag *(Viernes Santo)* und Fronleichnam *(Corpus Cristi)* sind beweglich. Da jede autonome Provinz den Feiertagskalender alljährlich neu bestimmt, können Festtage verschoben oder zusätzlich aufgenommen werden. Die Gemeinden dürfen zwei weitere Tage ihrer Wahl zu örtlichen Feiertagen deklarieren.

Feste und Events

Festival de Música de Canarias: Jan./Feb. Das vierwöchige Festival mit Konzerten im Auditorium von Santa Cruz ist in Europa das einzige hochkarätige Festival klassischer Musik im Winter (www.festivaldecanarias.com).
Fiesta de Carnaval: Feb./März. Den besten Karneval zwischen Rio und Köln erlebt man in Santa Cruz; danach geht es weiter in Los Cristianos, Puerto de la Cruz und anderen Inselorten – insgesamt dauert die Gaudi mehr als einen Monat (www.carnavaltenerife.com).
Semana Santa: März/April. Am Grün-

donnerstag und besonders am Karfreitag finden in La Laguna spannende Prozessionen statt. Feierliche Umzüge erlebt man auch in Santa Cruz, Puerto de la Cruz, La Orotava, Garachico, Arona und Adeje.
Fiestas de Corpus Cristi: Juni. Zu Fronleichnam lohnt die Fahrt nach La Orotava, wo Plätze und Straßen mit fantastischen ›Teppichen‹ aus vielfarbigem Lavasand ausgelegt werden.
Aguaviva: Juni. Geboten werden Ethno-Musik aus aller Welt, Kunst und Workshops am Strand von Los Cristianos (www.aguavivacanarias.com).
Fiesta de San Juan: 23. Juni. In der längsten Nacht des Jahres werden Johannisfeuer entzündet, danach feiert man bis zum Morgengrauen (in Icod de los Vinos, Garachico, San Juan de la Rambla und Puerto de la Cruz).
Fiesta del Carmen: 16. Juli. Zu Ehren der Schutzheiligen der Fischer wird ihre Figur in Schiffsprozessionen übers Meer gefahren – in fast allen Fischerorten!
Fiesta de la Virgen de Candelaria: 14./15. Aug. Zur größten Wallfahrt der Kanaren strömen Tausende von Pilgern nach Candelaria.
Romería de San Roque: Mitte Aug. Garachico.
Fiesta de los Corazones: 24. Aug. Tejina.
Fiesta de Nuestra Señora del Carmen: 1. So im Sept. Los Cristianos.
Fiestas del Santísimo Cristo: 14. Sept. La Laguna.
Fiesta del Cristo de los Dolores: Sept. Tacoronte.
Fiesta de San Andrés: Nov. Nach der Lese werden im Inselnorden die Weinkeller geöffnet: Man trinkt junge Tropfen und isst geröstete Esskastanien.
FotoNoviembre: Nov. Santa Cruz.
Navidad: Dez. Vielerorts werden aufwändige Krippen *(belenes)* aufgestellt, Musiker in historischem Kostüm *(par-*

Reiseinfos von A bis Z

Ein Überbleibsel aus Inquisitionszeiten: Osterprozession in La Laguna

randeros) ziehen durch die Straßen. Am Heiligabend gehen fromme Katholiken zur Mitternachtsmesse *(misa del gallo)*.

Geld

Spanien ist ein Euroland. An Geldautomaten *(cajero automático/telebanco)* kann man mit EC/Maestro- bzw. Kreditkarte plus Geheimnummer Geld abheben. Erkundigen Sie sich aber vor der Reise bei Ihrer Bank nach den (oft happigen) Gebühren. Um einiges günstiger ist es im Hotel, Restaurant oder bei der Autoverleihfirma mit Kreditkarte zahlen.

Das Preisniveau auf Teneriffa entspricht dem Mitteleuropas, im Inselnorden ist es niedriger als im Süden. Die im Buch angegebenen Unterkunftspreise gelten für zwei Personen im Doppelzimmer inkl., im Apartment ohne Frühstück. Die Restaurantpreise beziehen sich auf eine komplette Mahlzeit mit Haupt- und Nachspeise sowie einem Getränk.

Gesundheit

EU-Bürger mit Europäischer Krankenversicherungskarte (EHIC) werden in den örtlichen Gesundheitszentren *(Centros de Salud)* kostenlos behandelt. Notversorgungen, für die man auch direkt ins Krankenhaus fahren kann, sind kostenfrei. Wer einen Privatarzt aufsucht, zahlt vor Ort und lässt sich die Kosten später von der Versicherung erstatten (detaillierte Rechnung nicht vergessen, spanisch: *factura)*. Der Abschluss einer Reisekrankenversicherung ist ratsam. In den Ferienzentren des Südens und in Puerto de la Cruz gibt es deutsche Privatärzte – ihre Visitenkarten liegen in Infobüros und Hotels aus (u. a. Klinikgruppe Hospiten: www.hospiten.com).

Reiseinfos von A bis Z

Spartipps

Transport: Günstig sind öffentliche Verkehrsmittel, sofern man sich eine Mehrfachfahrkarte, das Bono-Ticket, besorgt (s. Verkehrsmittel). Auch Autos sind preiswert: Für die Miete zahlt man 20–30 € pro Tag, der Sprit kostet weniger als 1 € pro Liter.

Essen: Viele Restaurants bieten werktags für nur 7–12 € ein dreigängiges Menü *(menú del día)* an. Wenig Geld gibt man aus, wenn man auf dem Markt bzw. im Supermarkt einkauft. Mit einem Mietwagen fährt man zum Picknick in die schönsten Ecken der Insel – überall in den Bergen gibt es urige Rastplätze.

Touren: Wanderungen in Eigenregie kosten wenig und sind zugleich die beste Art, die Insel kennen zu lernen. Gratis-Touren organisieren die Nationalpark-Verwaltung und die deutschsprachigen Religionsgemeinden (s. S. 61).

Kultur: Kostenlos sind die Besucherzentren El Portillo, Cañada Blanca und El Mayorazgo. In vielen Museen ist an einem Tag der Woche der Eintritt umsonst, kein Loch ins Portemonnaie reißt das Sammelticket für Kirchen und Klöster in La Laguna.

Informationsquellen

Spanische Fremdenverkehrsämter im Ausland

10707 Berlin: Kurfürstendamm 63, 5. OG, Tel. 030 882 65 43, berlin@tourspain.es
40237 Düsseldorf: Grafenberger Allee 100, Kutscherhaus, Tel. 0211 680 39 81, duesseldorf@tourspain.es
60323 Frankfurt: Myliusstr. 14, Tel. 069 72 50 38, frankfurt@tourspain.es
80051 München: Postfach 151940, Tel. 089 53 07 46-11/-12, munich@tourspain.es
1010 Wien: Walfischgasse 8, Tel. 01 512 95 80, viena@tourspain.es
8008 Zürich: Seefeldstr. 19, Tel. 044 253 60 50, zurich@tourspain.es. Informationsmaterial kann beim **Spanischen Fremdenverkehrsamt** unter Tel. 06123 991 34 oder Fax 06123 991 51 34 angefordert werden.

Infos vor Ort
Die Hauptstadt Santa Cruz sowie fast alle Gemeindeorte und Ferienzentren haben Informationsbüros eingerichtet (Adressen s. Orte).

Im Internet
Länderkennung Spanien: es
www.todotenerife.es: Werbefreies Webportal der Inselregierung mit Infos zu Geographie, Geologie und Geschichte, zur Teide-Aufstiegsgenehmigung und Campingerlaubnis (Deutsch).
www.museosdetenerife.org: Teneriffas große Museen in Wort und Bild, dazu Hinweise auf aktuelle Veranstaltungen (Englisch).
www.teneriffa-anzeiger.de, www.wochenblatt.es, www.kanarischerundschau.com, www.infocanarias.com: Online-Magazine der gleichnamigen deutschsprachigen Inselzeitschriften, Chats rund um die deutsche Community.

Kinder

Die besten Standorte
Flach abfallende Sandstrände, oft durch Wellenbrecher geschützt, findet man im

Reiseinfos von A bis Z

Süden von El Médano bis Bahía del Duque. Im Norden wartet nur Puerto de la Cruz mit passablen Bademöglichkeiten auf. Bei der Wahl der Unterkünfte ist zu bedenken, dass hochpreisige Luxushotels immer mehr der Devise »Adults only« (»nur für Erwachsene«) folgen. Mittelklassehotels werben mit oft nach Alter gestaffelten Mini-Clubs, Spielplatz und Plantschbecken; am Büfett können sich Kinder frei bedienen. Eine Alternative zum Hotel sind Landhäuser, wo Kinder herumtoben und laut sein können.

Unternehmungen mit Kindern

Kinder bis 12 (oder 14) Jahre zahlen in Zoos, Wasserparks und Museen einen ermäßigten Preis.

Wasserparks: In Las Américas hat man die Wahl zwischen Siam Park und Aqualand (s. S. 60, 61).

Bootstouren: In den Häfen von Los Cristianos, Costa Adeje und Los Gigantes starten zahlreiche Touren (s. S. 57).

Naturparks und Zoos: Der schönste Zoo der Kanaren ist der Loro Parque im Norden (s. S. 89); eine abgespeckte Version ist der Parque Las Águilas oberhalb von Las Américas. Größeren Kindern, die sich vor Dunkelheit nicht fürchten, könnten San Blas und der Höhlentunnel Cueva del Viento gefallen (s. S. 51 und 82). Die Wanderung zur ›roten Festung‹ am Fuß des Teide kann auch von Kindern begangen werden (s. S. 105).

Museen: Im Wissenschaftsmuseum von La Laguna können naturwissenschaftlich interessierte Kinder experimentieren (s. S. 42).

Klima und Reisezeit

Teneriffa ist für Urlauber ein ganzjähriges Reiseziel. Mit einer Durchschnittstemperatur von 20 °C im Winter und 25 °C im Sommer gibt es – zumindest an

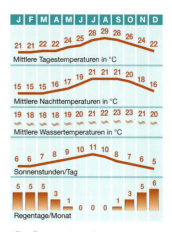

Klimadiagramm Santa Cruz

der Küste – kaum ausgeprägte Jahreszeiten. Die Nachttemperaturen fallen auf 14 bzw. 18 °C. Aufgrund des Passats (s. S. 8) ist es im Inselnorden oft etwas kühler und feuchter als im Süden. Der ›ewige Frühling‹ herrscht allerdings nur an der Küste, in mittleren und höheren Lagen ist es kühler. Im Winter kann es in Gipfellagen sogar schneien.

Öffnungszeiten

Banken und Post: Mo–Fr 8.30–14, Sa bis 13 Uhr.
Geschäfte: 9–13.30, 17–20 Uhr; Kaufhäuser und Supermärkte Mo–Sa 10–21 Uhr.
Museen: meist Di–So 10–19 Uhr, kleinere Museen kürzer.
Kirchen: außerhalb der Messe meist 8–12 und 17–20 Uhr.

Rauchen

In allen geschlossenen öffentlichen Räumen, so in Bars, Cafés und Discos, ist

Rauchen verboten. In Hotels darf max. die Hälfte der Zimmer für Raucher reserviert sein; nur in speziellen Räumen darf zum Glimmstengel gegriffen werden.

Reisen mit Handicap

Die Ferienorte des Südens wollen ein ›barrierefreies Urlaubsziel‹ sein: An Straßen gibt es Rollstuhlrampen, am Strand behindertengerechte Umkleideräume und Duschen. In Los Cristianos kann man sich im Wasserrollstuhl gratis ins Meer befördern lassen. Auch behindertenfreundliche Taxis sind im Einsatz. LeRo vermietet elektrische Rollstühle und andere technische Hilfen, auf Wunsch übernimmt die Organisation die Betreuung Behinderter (Verständigung auf Englisch, www.lero.net). Als

besonders gute Unterkunft gilt Mar y Sol in Los Cristianos (s. S. 54).

Sport und Aktivitäten

Baden
Nach einem Bad im Atlantik fühlt man sich wie neugeboren; kein Pool, und sei er noch so schön, kann da mithalten! Teneriffas natürliche Strände – mit Ausnahme der Playa del Médano – sind eher klein, sodass hier und da nachgeholfen wurde, um der Insel zu Traumstränden zu verhelfen. Eine perfekte Infrastruktur mit Baywatchern, sanitären Anlagen und Wassersportangeboten findet man im Süden. Im Norden sind Brandung und Strömung stark, nur Puerto de la Cruz hat größere Badesandstrände. Laut Gesetz sind Spaniens Küs-

Sicherheit und Notfälle

Teneriffa ist ein sicheres Reiseziel. Allerdings sollte man im Mietauto keine Gegenstände offen sichtbar liegen lassen und zum Strand keine Wertsachen mitnehmen. Bei Diebstahl muss man sich von der örtlichen Polizei ein Protokoll ausstellen lassen, um den Schaden bei der Versicherung zu melden.

Wichtige Notrufnummern
Allgemeiner Notruf: 112 ist die zentrale Gratis-Notrufnummer für alle Fälle (Unfall, Krankheit, Feuer, Überfall etc.). Sie ist rund um die Uhr besetzt und wird auch auf Deutsch bedient.
Kartensperre: Wer EC- oder Kreditkarte bzw. sein Mobiltelefon verloren hat, sollte unter der rund um die Uhr erreichbaren zentralen Nummer 0049 116 116 bzw. 0049 30 40 50 40 50 den Zugang sperren lassen (www.kartensicherheit.de).
Deutsches Konsulat: Calle Albareda 3–2°, 35007 Las Palmas, Tel. 928 49 18 80, www.las-palmas.diplo.de, Mo–Fr 9–12 Uhr.
Deutsches Honorarkonsulat: Calle Costa y Grijalba 18 (nahe Plaza de Toros), 38004 Santa Cruz de Tenerife, Tel. 922 24 88 20, www.honorarkonsul-teneriffa.de, Mo–Do 10–13 Uhr.
Österreiches Konsulat: Calle Hermano Apolinar 12, 38300 La Orotava, Tel. 922 32 59 61, Fax 922 32 21 84, Mo, Mi, Do 15.30–18.30 Uhr.
Schweizer Botschaft: Calle de Núñez de Balboa 35–A-7°, 28001 Madrid, Tel. 091 43 63 960, Fax 091 43 63 980, Mo–Fr 9–13 Uhr.

Reiseinfos von A bis Z

Die besten Strände

Playa de las Teresitas in San Andrés (▶ J 2)**:** Teneriffas Bilderbuchstrand liegt 7 km nördlich von Santa Cruz. Er ist hell und breit und zieht sich palmengesäumt 1 km am Fuß gezackter Berge entlang. Dass er künstlich angelegt wurde, tut seiner Schönheit keinen Abbruch. Werktags ist er meist leer, sodass man einen ruhigen Badetag verbringen und sich nach dem Bad in einem der Fischlokale stärken kann. Wer Lust auf FKK hat, fährt zur 3 km entfernten Playa de las Gaviotas.

Playa del Médano/La Tejita (▶ E 8)**:** Mit 2 km Länge ist dies der längste Inselstrand, hell und feinsandig und mit schönem Ausblick auf einen ›roten Berg‹. Hinter diesem liegt ein weiterer 1 km langer Strand mit FKK-Bereich.

Playa de las Vistas (▶ C 8)**:** Der 1,5 km lange Verbindungsstrand zwischen Los Cristianos und Las Américas wurde aus feinstem Sand aufgeschüttet.

Playa del Camisón (▶ C 7/8)**:** Zwar ist er nur 500 m lang, doch mit seinen vielen Palmen eine Augenweide.

Bahía del Duque (▶ C 7)**:** Hier kommt Lido-Athmosphäre auf – im hellen Sand stehen Bambusschirme und blau-weiße Pavillons.

Playa de Abama (▶ B 6)**:** Heller Sand zwischen dunklen Klippen, wilde Felstümpel und ein edles Strandlokal.

Playa de la Arena (▶ B 5)**:** Attraktiver schwarzer Lavastrand mit Palmen.

Playa el Castro/Playa la Fajana (▶ D 3)**:** Über einen 30-minütigen Wanderweg steigt man vom Mirador San Pedro (TF-82 Km 1) durch eine grüne Wildnis zu diesen beiden ›weltverlorenen‹ Stränden hinab – toll für Romantiker!

Playa Jardín (▶ E 3)**:** Mehrere schwarze Sandbuchten bei Puerto de la Cruz bilden einen 1 km langen Strand. Wasserfälle und viel Grün machen ihn sehr attraktiv.

---

ten öffentlich, Privatstrände unbekannt. ›Oben ohne‹ ist längst normal, sämtliche Hüllen lässt man aber nur in versteckten Buchten fallen.

Bootsausflüge

Im Süden und Westen, von El Médano bis Los Gigantes, werden Panorama- und Delfinbeobachtungsfahrten angeboten (s. S. 56).

Golf

Teneriffa ist eine beliebte Golf-Destination. Allein im Süden gibt es im Umkreis von 15 km sechs Plätze: von 27-Loch-Meisterschaftsplätzen wie **Abama** (www.abamahotelresort.com) und **Golf del Sur** (www.golfdelsur.es) bis zum preisgünstigen 9-Loch-Platz **Los**

Palos (www.golflospalos.com). Eine deutschsprachige Golfakademie ist an den Platz **Costa Adeje** angeschlossen. Sie bietet dreitägige Schnupper- und fünftägige Anfängerkurse (www.golf costaadeje.com). Weitere Plätze im Süden sind **Amarilla Golf** in Los Abrigos (www.amarillagolf.es) und **Golf Las Américas** (www.golf-tenerife.com). Teneriffas schönster Golfplatz liegt im Norden: Vor der dramatischen Kulisse zerklüfteter Klippen spielt man im **Buenavista Golf** (www.buenavistagolf. es).

Joggen/Laufen

Auf den Kanaren gibt es wohl kaum eine bessere Laufstrecke als die 16 km lange, autofreie Meerespromenade von

Reiseinfos von A bis Z

Los Cristianos nach La Caleta. Morgens und abends hat man den Parcours fast für sich alleine, und die Temperatur ist am angenehmsten!

Radfahren
Auf der Insel kann man ganzjährig in die Pedale treten. Allerdings wird Bikern einiges abverlangt: Von der Küste fahren sie in hochalpine Regionen in über 2000 m Höhe. Spezialist für geführte Renn- wie Mountainbike-Touren ist **DIGA** in Las Américas (s. S. 61). Je nach Kondition stehen unterschiedliche Touren zur Wahl. Per Kleinbus wird man zunächst in die landschaftlich attraktivsten Regionen gebracht, danach geht es im Marathon bzw. Downhill weiter. Wer sich nur ein Rad leihen will, findet bei DIGA hochwertige Bikes.

Reiten
Im Westen bietet das **Centro Hípico Alcalá** klassischen und Western-Ritt, Dressur- und Hindernisspringen sowie Ponyreiten (www.centrohipicodealcala.com). Im Norden kann man auf der **Finca Estrella** das Reiten lernen bzw. perfektionieren (www.teneriffa-reiten.com).

Surfen
El Médano im Südosten zählt zu den Topspots der Kanaren: Ganzjährig kräftiger Wind, starke Brandung und hohe Wellen sorgen für Abwechslung. Mehrere Schulen bieten Wind- und Kitesurfkurse für Anfänger und Fortgeschrittene an.

Tauchen
Dank ganzjährig milder Wassertemperaturen leben in Teneriffas Unterwasser-Lavalandschaften atlantische wie tropische Fische. Beste Bedingungen bietet der Inselsüden, wo Strömung und Brandung weniger stark sind. In allen Ferienorten gibt es Tauchschulen.

Mit Blick zur Nachbarinsel La Gomera: der Golfplatz Abama bei San Juan

Reiseinfos von A bis Z

Der Umwelt zuliebe – nachhaltig reisen

Die Umwelt schützen, die lokale Wirtschaft fördern, intensive Begegnungen ermöglichen, voneinander lernen – sozial verantwortlicher und umweltfreundlicher Tourismus übernimmt Verantwortung für Klima, Natur und Gesellschaft. Die folgenden Webseiten geben Tipps, wie man seine Reise nachhaltig gestalten kann.
www.zukunft-reisen.de: Das Portal des Vereins Öko-Tourismus erklärt, wie man ohne Verzicht umweltverträglich reisen kann.
www.fairunterwegs.org: »Fair reisen« anstatt nur verreisen – dafür wirbt der schweizerische Arbeitskreis für Tourismus und Entwicklung.
Teneriffa ›nachhaltig‹: Ein besonders knappes Gut ist **Wasser**, das mit hohem Energieverbrauch durch Meerentsalzungsanlagen gewonnen wird – sparsamer Umgang hilft der Umwelt! **Regionalprodukte** kauft man am besten auf Bauernmärkten *(mercadillo del agricultor)*, wo am Verkauf hauptsächlich die Erzeuger verdienen.

Wandern
Fünf Wandergebiete gibt es auf der Insel: außer dem Teide-Nationalpark das Teno-Gebirge im Nordwesten und Anaga im Nordosten, dazu das Orotava-Tal und die mittleren Höhenlagen des Südens. In allen Gebieten wurden Wege markiert, die man in Eigenregie problemlos ablaufen kann (s. S. 100, 105 und 109).

Wellenreiten
Im Norden bilden sich die besten Wellen. Ein gutes Anfängerrevier ist die Playa Martíanez in Puerto de la Cruz; wer mehr drauf hat, erprobt sich an der wilden Playa de Benijo am Fuß des Anaga-Gebirges (s. S. 100).

Wellness
Fast alle Vier- und Fünfsternehotels im Süden haben pompöse Spas mit Thermal- und Thalassobad, Trocken-, Feucht- und Bio-Sauna, Kneippgang, ›Totem Meer‹ und Eisgrotte. In den meisten Fällen ist die Benutzung selbst für Hotelgäste nicht inklusiv – zahlende ›Fremde‹ sind natürlich jederzeit willkommen!

Telefon und Internet

Alle Telefonnummern bestehen aus neun Ziffern, die Ortsvorwahl ist integriert. Festnetznummern beginnen immer mit einer 9, Handynummern mit einer 6.
Vorwahl Spanien: 0034
Vorwahl Deutschland: 0049
Vorwahl Österreich: 0043
Vorwahl Schweiz: 0041
Mobil telefonieren: Immer den vergleichsweise niedrigen EU-Tarif einspeisen! Für Gespräche innerhalb Spaniens muss die 0034, für Auslandsgespräche die nationale Vorwahl eingegeben werden (die 0 der Ortsvorwahl streichen). Bei längerem Aufenthalt empfiehlt sich der Kauf einer Prepaid-Karte, um ankommende Telefonate nicht zu zahlen.
Telefonzellen: Funktionieren oft nur noch mit Telefonkarten *(tarjeta telefónica)*, die man im Zeitungsladen erhält.
Internet-Portale und **WLAN-Hotspots** werden in vielen Hotels zur Verfügung gestellt, doch wird für die Benutzung oft Geld kassiert! **Internetcafés** gibt es in allen Ferienzentren, gratis surft man in Ortsbibliotheken *(biblioteca/centro cultural)*.

Verkehrsmittel

Bus

Mit dem Bus *(guagua)* kommt man fast überall hin. Den Fahrplan erhält man am Busbahnhof bzw. unter www.titsa. com. Busfahren wird bis zu 50 % günstiger, wenn man sich am Busbahnhof bzw. im Zeitungsladen die übertragbare Mehrfachfahrkarte, das Bono-Ticket, besorgt. Beim Einsteigen nennt man das Ziel und steckt die Karte in den Entwertungsautomaten. Wer kein Bono-Ticket hat, zahlt bar.

Mietwagen

Aufgrund der großen Konkurrenz ist die Automiete günstig, ab drei Tagen gibt's Rabatt (ab 20 € pro Tag inkl. Steuer und Versicherung). Man kann das Auto vor der Reise buchen oder vor Ort. Vorzulegen sind Ausweis und nationaler Führerschein, gezahlt wird meist mit Kreditkarte (sonst Kaution). Die namhafteste kanarische Firma ist **CICAR** mit Filialen an beiden Flughäfen, an den Fährhäfen von Santa Cruz und Los Cristianos sowie in allen Ferienzentren (Tel. 928 82 29 00, www.cicar.com). **Tankstellen** *(gasolineras)* sind Mo–Sa von früh bis spät geöffnet, So aber oft geschlossen! Sprit ist günstig: Bleifrei 95 etwa kostet weniger als 1 €.
Pannenhilfe: ADAC (Allgemeiner Deutscher Automobilclub): Tel. +49 89 22 22 22, www.adac.de; **ÖAMTC** (Österreichischer Automobil Motorrad und Touring Club): Tel. +43 17 11 99-0, www. oeamtc.at; **TCS (**Touring Club Schweiz): Tel. +41 22 417 22 20, www.tcs.ch.

Verkehrsregeln

In Orten gilt eine Höchstgeschwindigkeit von 50 km/h, auf Landstraßen 90 km/h, auf Schnellstraßen 100 km/h und auf der Autobahn 120 km/h. Links abbiegen ist oft durch eine Abbiegeschleife zwingend geregelt. 100 m vor Kuppen ist das Überholen verboten, ebenso auf Straßen, die nicht mindestens 200 m zu überblicken sind. Es besteht Gurtpflicht, für Kinder unter drei Jahren sind Kindersitze vorgeschrieben. Ein gelb angestrichener Bordstein bedeutet Parkverbot (Abschleppgefahr), die Farbe Blau signalisiert, dass hier das Parken kostenpflichtig und nur mit Parkschein erlaubt ist. Telefonieren ist nur mit Freisprechanlage erlaubt, die Promillegrenze liegt bei 0,5 Promille (für Führerscheinneulinge bis zu zwei Jahren bei 0,3). Verstöße werden mit hohen Geldstrafen belegt!

Taxi

Taxifahren ist teuer. Auf einer ausliegenden Preisliste sollten die Tarife (plus Hafen-, Feiertags-, Nacht- und Gepäckzuschlag) verzeichnet sein. Achten Sie darauf, dass das Taxameter erst nach dem Einsteigen eingeschaltet wird! Bei längeren Fahrten Festpreis ausgehandeln.

Straßenbahn

Zwischen Santa Cruz und La Laguna verkehrt eine Tranvía (12 km/36 Min.).

Fähren zu anderen Inseln

Zu den Nachbarinseln fahren Auto- und Passagierfähren: ab Los Cristianos mehrmals tgl. in 40 Min. nach Gomera, in 2 Std. nach El Hierro und La Palma. Von Santa Cruz erreicht man in gut 1 Std. Agaete auf Gran Canaria. Am zuverlässigsten arbeitet die **Reederei Fred Olsen** (www.fredolsen.es).

Flug zu anderen Inseln

Binter (www.bintercanarias.com) und **Islas Airways** (www.islasairways.com) fliegen mehrmals täglich vom Flughafen Los Rodeos (Teneriffa-Nord) zu den Nachbarinseln.

Unterwegs auf Teneriffa

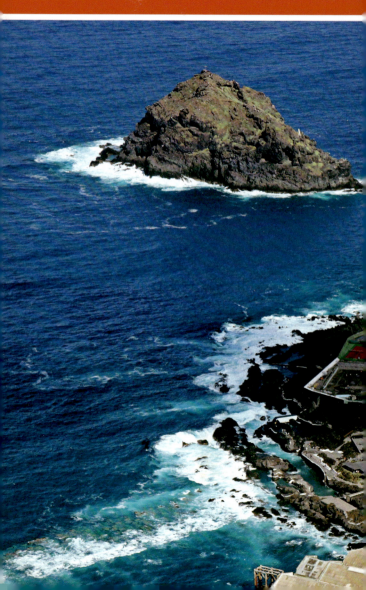

Schroff und steil und dabei üppig grün ist die Küste im Norden. Das schönste Städtchen ist Garachico, wo Sie Urlaub in gemütlichem Ambiente unter Einheimischen verbringen können. Wenn Sie aber Sandstrände suchen, sind Sie in den Ferienorten besser aufgehoben. Zur Wahl stehen Puerto de la Cruz im Norden und die „sonnensicheren" Resorts im Süden.

Der Osten

Santa Cruz ▶ H 2

Santa Cruz ist das Gegenstück zu den Ferienorten, eine ganz und gar kanarische Stadt mit 222 000 Einwohnern, lebendig, geschäftig und kulturell ambitioniert. Die Hauptstadt Teneriffas ist auf dem Sprung nach vorn: Avantgarde-Architekten haben einigen Plätzen und Straßen ein Facelifting verpasst.

Eingang zur Stadt: Plaza de España

Noch vor wenigen Jahren erinnerte die **Plaza de España** 1 mit ihrem strengen Cabildo Insular, dem Gebäude des Inselrats, und dem Monumento a los Caídos, dem ›Denkmal für die Gefallenen‹ aus der Franco-Zeit, an die Sympathie vieler Tinerfeños für jenen Diktator, der 1936 von hier aus den Staatsstreich vorbereitete. Um das ›Ehrgefühl‹ der noch immer einflussreichen Franco-Freunde nicht zu verletzen, wurde das monströse Monument selbst bei der Neugestaltung des Platzes 2010 nicht angerührt – allerdings ist sein Pathos durch geschickte Eingriffe geschwächt. Beherrschend ist heute eine große, kreisrunde Wasserfläche mit weißem Granitgrund. Nicht nur der Himmel spiegelt sich in ihr; auch eine Fontäne, die viermal am Tag im Rhythmus von Ebbe und Flut in die Höhe schießt, bringt die Naturelemente ins Spiel. Am Rand der Wasserfläche kauern Pavillons, deren krustenartiges, mit einer Pflanzendecke überzogenes Dach wie ein Lavastrom anmutet, aus dem Leben quillt. In einem Pavillon ist die Touristen-Information untergebracht, im zweiten befindet sich ein Kunsthandwerksladen. Dahinter liegt ein kleiner Park: Aus erdfarbenem Boden wachsen darin Platanen, in deren Schatten Bänke zu einer kleinen Pause einladen.

Noria-Viertel und Museumsmeile

Das historische Santa Cruz, in dem der Eroberer Alonso de Lugo 1496 ein ›heiliges Kreuz‹ (Santa Cruz) in den Boden rammte, erstreckt sich südlich der Plaza de España. Die alten Häuser beherbergen stimmungsvolle Tascas und Bars. Nicht zu übersehen ist die koloniale, 1502 geweihte, **Iglesia Nuestra Señora de la Concepción** 2 mit ihrem hoch aufschießenden Turm. Sie ist fünfschiffig, von bunten Mudéjar-Decken überspannt und mit Barockaltären geschmückt.

Eine Passage führt über den Barranco zum **Museo de la Naturaleza y el Hombre** 3. Auf drei Stockwerken wird hier das Natur- und Kulturerbe der Kanaren vorgestellt: von der vulkanischen Entstehung, der unterseeischen und der oberirdischen Natur bis zur Besiedlung durch die Guanchen und zur spanischen Conquista. Dank ihrer Mumien, Schmuck- und Gebrauchsgegenstände kann man sich ein Bild von der Lebenswelt der Ureinwohner machen. Spannend ist auch die Ausstellung im zweiten Stock mit originalgroßen Nach-

Santa Cruz

bildungen von Walen (Calle Fuente Morales s/n, Tel. 922 53 58 16, www.museosdetenerife.org, Texte in Deutsch; Di–So 9–19 Uhr, Eintritt 3/1,50 €).

Ans Museum grenzt **TEA (Tenerife Espacio de Arte) 4**, das wichtigste Kunst- und Kulturzentrum der Insel. Entworfen wurde es von Herzog und De Meuron, die mit der Tate Modern eine Londoner Stadtikone geschaffen haben. Auf einem Gehsteig spaziert man durch den Längsbau, der wie ein Riesenreptil am Flussbett liegt, und gewinnt faszinierende Einblicke in die Bibliothek mit ihren Tropflampen, das Centro de Fotografía und das Instituto Óscar Domínguez, das nach dem bedeutenden, in La Laguna geborenen Surrealisten (1906–1957) benannt ist. Wechselausstellungen zeigen moderne internationale Kunst (Av. de San Sebastián 10, www.teatenerife.es, Di–So 10–20 Uhr, 5 €/Kinder frei).

Markt und Theater

Gegenüber steht der **Mercado de Nuestra Señora de África 5**, der mit seinen Minarettürmen und Ockerfassaden an einen maurischen Bazar erinnert. Neben Gemüse, Obst und Blumen werden hier Teneriffa-Käse und Wein angeboten.

Über die Brücke geht es zur Plaza de Madera, wo die alte Markthalle (1851) ins Kulturzentrum **Centro de Arte La Recova 6** verwandelt wurde. Jeden Monat findet hier eine neue Ausstellung statt, im angeschlossenen **Centro de Grabado** wird moderne Druckgraphik gezeigt – von Radierungen über Linol- und Holzschnitte bis hin zu Lithographien (Plaza de Madera 1, Mo–Sa 11–13 und 18–21 Uhr). Die Skulptur einer Riesenmaske des polnischen Bildhauers Mitoraj verweist auf das nebenan liegende **Teatro Guimerá.**

Die Tranvía verbindet Santa Cruz mit La Laguna

Santa Cruz

Sehenswert

1. Plaza de España
2. Iglesia Nuestra Señora de la Concepción
3. Museo de la Naturaleza y el Hombre
4. TEA
5. Mercado de Nuestra Señora de Africa
6. Centro de Arte la Recova
7. Círculo de Bellas Artes
8. Círculo de Amistad XII de Enero
9. Museo de Bellas Artes
10. Iglesia de San Francisco
11. Plaza del Príncipe
12. Centro Cultural Caja Canarias
13. Auditorio

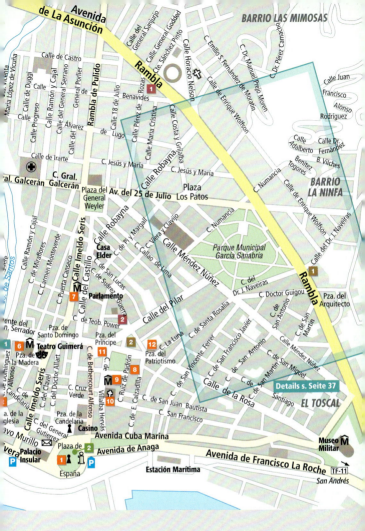

- 14 Parque Marítimo
- 15 Centro de Ferias y Congresos

Übernachten
- 1 Iberostar Mencey
- 2 Príncipe Paz

Essen und Trinken
- 1 La Taberna de Ramón
- 2 La Romana

Einkaufen
- 1 El Corte Inglés
- 2 Kiosko Artenerife

Ausgehen
- 1 Bulan

33

Der Osten

Einkaufsmeilen mit Kunst

In der autofreien Calle del Castillo und ihren Seitenstraßen reiht sich ein Laden an den nächsten. Ein paar Adressen lenken von von der Schnäppchenjagd ab: Der Privatclub **Círculo de Bellas Artes** 7 stellt in seiner Galerie Kunst aus (Calle del Castillo 43, www.circulo bellasartestf.com, Mo–Fr 10–13 und 17.30–20.30, Sa 11–14 Uhr, Eintritt frei). An der Nordostecke der nördlich angrenzenden Plaza del Príncipe öffnet, sofern eine Ausstellung läuft, der Club **Círculo de Amistad XII de Enero** 8 die Türen seines Belle-Epoque-Palasts.

Noch mehr Kunst bietet das **Museo de Bellas Artes** 9, das ›Museum der Schönen Künste‹ im ehemaligen Fanziskanerkloster (Calle José Murphy 12, Tel. 922 24 43 58, Di–So 10–15 Uhr, Eintritt frei). Die zugehörige Klosterkirche **Iglesia de San Francisco** 10 (1680), ein Stück bergab, wartet mit barocken Bildwerken auf. Spätestens jetzt ist man reif für einen Kaffee im Pavillon auf der von Indischen Lorbeerbäumen beschatteten **Plaza del Príncipe** 11. Eine große Bronze-Sardine erinnert an den Spitznamen der Tinerfeños, die *chicharreros* (s. S. 11).

Danach kann man erneut in Kunst eintauchen: Im **Centro Cultural Caja Canarias** 12, einer Mischung aus poliertem und begradigtem Stonehenge, zeigt die kulturell ambitionierte Kanarische Sparkasse hochkarätige Ausstellungen (Plaza del Patriotismo 1, www.cajacanarias.org, Mo–Fr 11–13, 17–21, Sa 11–13 Uhr).

Auditorio 13 und Parque Marítimo 14

Ausgerechnet der hässlichste Teil der Stadt, die am Meer verlaufende Ausfallstraße Richtung Süden, soll das neue Wahrzeichen von Santa Cruz werden! Noch wuchert eine Erdölraffinerie mit rostigen Tanks am Hang, aber die ersten Projekte sind fertiggestellt. 72 Mio. Euro wurden allein ins **Auditorio** investiert. Aus einem 60 m breiten Sockel wächst eine gigantische Betonwelle, die 50 m hoch und 100 m weit vorschnellt und mitten in der Luft in einer markanten Spitze erstarrt. Unter ihr duckt sich eine Muschel, in die die beiden Konzertsäle mit 1600 bzw. 400 Sitzplätzen eingelassen sind. Überzogen ist der Baukörper mit einer Hülle aus Millionen weißer, winziger Kacheln, die bei Sonne und Regen glänzen wie die Haut eines Reptils. Santiago Calatrava, Spaniens Stararchitekt, hat das Auditorium so gestaltet, dass es aus jeder Perspektive anders erscheint.

Schräg gegenüber steht das 200 m lange **Centro de Ferias y Congresos** 15, gleichfalls ein Werk von Calatrava. Die konstruktiven Elemente liegen frei, weshalb sich Kritiker an das Gehäuse von Ungeziefer erinnert fühlten und dem Bau den Spottnamen *cucaracha* (Küchenschabe) verpassten.

Nahebei befindet sich der **Parque Marítimo,** eine Badelandschaft nach Plänen von César Manrique, nur durch einen schmalen Damm vom Meer getrennt. Effektvoll eingebunden hat man das Castillo de San Juan, das einst der Piratenabwehr diente (tgl. geöffnet).

Vom Parque Sanabria zur Rambla `direkt 1` ▶ S. 37

Übernachten

Minimalistisch mit Tradition – **Iberostar Mencey** 1: Av. Dr. José Naveiras 38, Tel. 922 60 99 00, www.iberostargrandhotelmencey.com, 286 Zimmer, DZ ab 124 €. Ein Grand Hotel mit Zimmern, in denen die Farbe Weiß dominiert: Wände, Türen und Marmorbad sind weiß, ebenso Möbel und Textilien. Was die Form angeht, wird der Entste-

Santa Cruz

hungszeit des Hotels Tribut gezollt – Neue Sachlichkeit lässt grüßen! Das Frühstück (Büfett), das auch im Garten eingenommen werden kann, lässt keine Wünsche offen, das Dinner ist eines der besten der Stadt. Mit 2000 m² großem Spa und Garten (s. S. 39).

Freundlich in guter Lage – **Príncipe Paz** 2: Calle Valentín Sanz 33, Tel. 922 24 99 55, www.principepaz.com, DZ ab 80 €. Neubau am verkehrsberuhigten Platz mit kupferroter Natursteinfassade und freundlich-funktionalen Zimmer (zum begrünten Platz hin buchen!).

Essen und Trinken

In den Fußgängerstraßen und auf den Plätzen der Altstadt öffnen Terrassenlokale. Eine wunderbare Schlemmergasse ist Callejón del Combate; gut essen kann man auch im Szeneviertel La Noria.

Immer voll – **La Taberna de Ramón** 1: Rambla 56, Tel. 922 24 13 67, Mo–Sa 12–16, 19.30–23.30 Uhr, um 16 €. In seinem kleinen rustikalen Lokal bietet Señor Ramón pfiffige Tapas, üppige Platten mit iberischem Käse und Schinken, Filetstückchen und Knoblauch-Tortillas, Meeresfrüchte-Paté und frischem Fisch – alles appetitlich, freundlich serviert und günstig.

In der ›Kampfesgasse‹ – **La Romana** 2: Callejón del Combate 7, Tel. 922 24 51 50, tgl. 12–24 Uhr, um 10 €. Auf der Terrasse Trattoria-Ambiente mit Pizza und Pasta sowie spanischen Klassikern. Für den kleinen Hunger bietet Señora Rosa Spieße für 2 € (z. B. mit iberischem Schinken und Pilzen, süßer Blutwurst und Wachtelei).

Einkaufen

Nirgends auf Teneriffa macht das Einkaufen mehr Spaß als in der Hauptstadt. In den Fußgängerstraßen der Altstadt (u. a. Calle del Castillo, Calle Viera y Clavijo) gibt es charmante Tra-

ditionsläden und exklusive Boutiquen, Filialen internationaler Modemarken und kleinere Kaufhäuser. Während der Siesta-Zeit (13.30–17 Uhr) ist vieles geschlossen.

Alles unter einem Dach – **El Corte Inglés** 1: Av. del Tres de Mayo 7. Spaniens Traditionskaufhaus ist mit einem Mega-Store nahe dem Busbahnhof vertreten. Hier findet man alle wichtigen Designer von Boss bis Vuitton, außerdem einen gut sortierten Supermarkt und ein Panorama-Restaurant.

Kunsthandwerk – **Kiosko Artenerife** 2: Plaza de España, www.artenerife.com. Pavillon der staatlichen Kunsthandwerkskette (Artenerife): Angeboten werden Keramik und Stickerei, Korb- und Webarbeiten.

Markt – **Mercado de Nuestra Señora de Áfricas** 5: Plaza del Mercado, www.mercado-municipal.com, tgl. 6–15 Uhr. In der Markthalle gibt es nicht nur Essbares, sonntags findet hier ein großer Flohmarkt *(rastro)* statt!

Ausgehen

Die angesagte Ausgehmeile ist das **Noria-Viertel:** Nachts verwandeln sich Tapas-Lokale in Pubs und Cocktailbars, die bis 3.30 Uhr geöffnet bleiben! Die meisten befinden sich dich in der Calle Antonio Domínguez Alfonso, die schlicht La Noria heißt.

Zum Chillen – **Bulan** 1: Calle La Noria 35, www.bulantenerife.com. Auf der Dachterrasse sitzt man unterm Baldachin, lässt sich von Lounge-Musik einlullen und trinkt Cocktails.

Nicht nur Klassik – **Auditorio** 13: Av. de la Constitución 1, Vorverkauf Mo–Fr 10–14 und 17–19, Sa 10–14 Uhr, Tel. 902 31 73 27, www.auditoriodetenerife.com. Von Okt. bis Juni bietet das Sinfonieorchester von Teneriffa musikalische Leckerbissen.

Der Osten

Sport und Aktivitäten

Baden: Am schönsten badet man im Parque Marítimo (s. S. 34) und an der 7 km entfernten Playa de las Teresitas in San Andrés (s. S. 24).

Infos und Termine

Oficina de Turismo: Plaza de España s/n, 38003 Santa Cruz de Tenerife, Tel. 922 28 12 87, www.todotenerife.es, Mo–Fr 9–18, Sa 9–13 Uhr, im Sommer kürzer. Die Touristeninformation vermittelt auch verschiedene thematische Stadtführungen, z. B. »Auf der Spur der Kastelle«.

Bus: Der Busbahnhof *(estación central de guaguas)* befindet sich gegenüber von Auditorio und Parque Marítimo. Man kommt in alle wichtigen Orte, z. B. nach La Laguna (Linien 14, 15, 101, 102), Puerto de la Cruz (101–103), La Orotava (101, 107, 108), San Andrés (245), Punta del Hidalgo (105), Icod de los Vinos (106), Garachico (107, 108) und Las Américas (111).

Straßenbahn: Die *tranvía* fährt in ca. 40 Min. nach La Laguna.

Auto: Parkhäuser befinden sich u. a. an der Markthalle.

Schiff: Zum Fährhafen, der Estación Marítima, gelangt man via Plaza de España, mit dem Auto über die südliche Zufahrt zur Stadt.

Festival de Música de Canarias: Jan./Feb., s. S. 19.

Karneval: Feb./März. s. S. 11, 19.

Fiesta del Carmen: 16./17. Juli, s. S. 19.

FotoNoviembre – Bienal Internacional de Fotografía de Tenerife: Nov. In Jahren mit ungerader Zahl stellen die Galerien der Hauptstadt hochkarätige, nicht kommerzielle Fotokunst aus (www.fotonoviembre.com).

Das Auditorio von Stararchitekt Santiago Calatrava

1 | Alt trifft Neu – vom Parque Sanabria zur Rambla

Karte: ▶ H 2

Sobald man in den alten, romantischen Park eintaucht und das Gekreische buntgefiederter Aras hört, fühlt man sich der Stadt entrückt. Als Beigabe gibt es moderne Kunst, versteckt zwischen Bäumen. Feudaler Abschluss des Parks ist das Hotel Mencey hoch oben an der Rambla – Historismus und Avantgarde sind hier geschickt vereint.

Die Bewohner von Santa Cruz sind zu beneiden. Der 6 ha große, nach einem früheren Bürgermeister benannte Parque Sanabria gilt als der schönste Stadtpark der Kanaren: ein botanischer Garten mit 200 verschiedenen subtropischen Pflanzen, über die ein kleines **Centro de Información** 1 Auskunft gibt: Es befindet sich rechts neben der aus Blumen gestalteten Sonnenuhr, ist aber mit seinem begrünten Dach so gut getarnt, dass man es kaum wahrnimmt.

Exotisches und Kanarisches

Gleich hinter dem Infozentrum wachsen silbergraue, fächerartig verzweigte Palmen, die, wie ein Schild verkündet, nach Bismarck benannt sind und aus Madagaskar stammen. Mehrere Dutzend weitere Palmenarten kann man im Park entdecken, u. a. majestätische Kanarische Palmen und Kynthia-Palmen mit nach oben hin verdicktem Stamm, schlanke Manila-Palmen mit tief hängendem Fruchtstand sowie Kokospalmen.

Folgt man dem Hauptweg, kommt man sogleich zum runden Hauptplatz. Wer hier rechts in den Weg Aristides

37

Der Osten

Das Grand Hotel Mencey an der Rambla

Ferrer einbiegt und sich seinem Verlauf überlässt, wird in Spiralform zweimal um den Park herumgeführt – auf Seitenpfaden kann man sich jederzeit aus der Spirale ausklinken. Ganz oben im Park, umringt von ›Schwiegermuttersitz‹ genannten Kakteen, wachsen junge Drachenbäume.

Übrigens: Der Drachenbaum (span. *drago*) gilt als mythischer Baum. Ritzt man seine Rinde ein, tritt rotes ›Blut‹ heraus, das als medizinisches Allheilmittel diente. Vielleicht war es die rote Farbe des Harzes, die die Guanchen glauben machte, in jedem Baum wohne der Geist eines Verstorbenen …

Skulpturengalerie open air

In den Park eingestreut sind idyllische Plätzchen an sprudelndem Wasser, eine Lauben- und Bambusallee und immer wieder Exponate moderner Kunst. Viel fotografiert ist Francisco Borges' Figur einer nackten, üppigen Frau, die ins Wasser eines Brunnens starrt. Künstlerisch wertvoller sind jene 46 Werke, die 1973 in Santa Cruz anlässlich der Ersten Internationalen Open-Air Skulpturen-Ausstellung geschaffen wurden. Sie stammen von Henry Moore und Joan Miró, Niki de Saint Phalle und Martín Chirino sowie weiteren herausragenden Bildhauern des 20. Jh. Im Dickicht entdeckt man die Schlitzaugen der »Katze« des Surrealisten Óscar Domínguez und hängende Wedel von José Guinovart, die die Luftwurzeln des benachbarten Australischen Feigenbaums nachahmen.

Ebenso gut versteckt wie das Infozentrum ist die **Galería de Arte** [2] am oberen Ende des Parks, die mit ihren ineinander fließenden Steinwällen und verschlungenen Holzplankenterrassen wie ein Stück Natur anmutet. Ausgestellt werden Werke mit Bezug zur Land Art.

Kunst sieht man auch auf der Rambla, der begrünten Flaniermeile oberhalb des Parks. Wendet man sich nach links, kommt man zu Henry Moores hin-

1 | Vom Parque Sanabria zur Rambla

gegossenem **»Krieger aus Gosslar«** **3** (Rambla 65) und zu Xavier Corberós bizarrer Pop-Art-Installation **»Henker und Gehenkte«** **4**. Von den Ästen eines Lorbeerbaums baumeln knallrote Riesenbälle, während schwarze Kugeln stocksteif auf der Promenade stehen (Rambla 55).

Das Mencey – Visitenkarte der Stadt

Mit dem **Hotel Mencey** **5** hat es eine besondere Bewandtnis: 1950 war es mit Staatsgeld von General García-Escámez eigens zu dem Zweck erbaut worden, Francisco Franco bei seinem Inselbesuch standesgemäß aufzunehmen. Dieser hatte zu Teneriffa ein vertrautes Verhältnis: 1936 war er, gleichfalls General, von der demokratisch gewählten linken Regierung Spaniens wegen Putschverdachts auf die entfernte Insel versetzt worden – so weit weg von Madrid, glaubte man, würden ihm die Umsturzgelüste bald schon vergehen. Doch das Gegenteil trat ein. Zusammen mit sympathisierenden Militärs bereitete

Franco von Santa Cruz aus einen Staatsstreich vor, auf den drei Jahre Bürgerkrieg und fast vier Jahrzehnte Diktatur folgten. Erst 2009 wurden in Teneriffas Hauptstadt die Namen der Putschisten von den Straßenschildern getilgt: Aus der Rambla de Franco wurde die Rambla de Santa Cruz, kurz Rambla genannt.

Wer heute das Hotel betritt, kann den Epochenwandel nacherleben: Aus der alten Zeit erhielten sich denkmalgeschützte Salons wie Martín González, benannt nach jenem Maler, der darin Wandgemälde monumentaler tinerfenischer Landschaften schuf, umgeben von Edelholz und beleuchtet von Kristalllüstern. In der Bar Iballa und im Restaurant Los Menceyes zeigt sich der Pomp bereits zeitgemäß entschlackt, noch mehr jedoch in den Zimmern. Einen Kaffee kann man auch auf der Gartenterrasse einnehmen, wo sich zwei Dutzend ›lebende Skulpturen‹ tummeln: Schildkröten, die am liebsten übereinandergestapelt regungslos verharren.

Infos

Centro de Información: unregelmäßig geöffnet.
Galeria de Arte: Di–Sa 11–13, 18–21, So 10–15 Uhr, Eintritt frei.

Essen und Trinken

Am Eingang zum Park, neben der Blumen-Sonnenuhr, liegt das Terrassencafé **Parque Sanabria** **1** (tgl. 9–1 Uhr). Kanarisch-kreativ speist man im eleganten Hotelrestaurant **Los Menceyes** **5** (tgl. 13–16 und 19–23 Uhr, Menü 35 €). Gegenüber vom Hotel öffnet das Edelbistro **Cava de Mencey** **2** mit Sandwiches, Schinken und Käse (Rambla 114, Tel. 922 29 38 01, www.cavadelmencey.com, Mo–Sa 13–1 Uhr).

Sehenswertes nahebei

Moderne Kunst bietet die **Sala de Arte Los Lavaderos** **6** in einem originalen Waschhaus anno 1839 (hinter dem Hotel Mencey, Mo–Sa 11–13, 18–21 Uhr). Als eine der besten Privatgalerien der Kanaren gilt – auf der Rambla wenige Gehminuten aufwärts – die **Galería Leyendecker** **7** (Rambla 86, www.leyendecker.net. Wenn Ausstellungen laufen: Mo–Fr 10–14 und 17–20 Uhr).

Für Kinder

Ein Spielplatz befindet sich neben dem Terrassencafé am Parkeingang. Dort startet auch eine elektrische Bimmelbahn, die durch den Park tuckert.

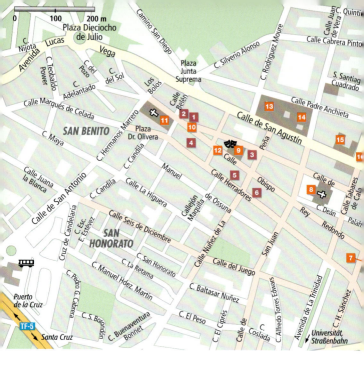

La Laguna ▶ H 2

Ihren Namen verdankt La Laguna einer ausgetrockneten Lagune, an der die Stadt 1494 von spanischen Konquistadoren gegründet wurde. Das historische Zentrum der Bischofs- und Universitätsstadt ist Weltkulturerbe der UNESCO. Man flaniert über steingepflasterte Fußgängerstraßen, die von pastellfarbenen Häusern gesäumt sind. Die vielen Kirchen, Klöster und Kapellen lassen sich im Rahmen eines zweistündigen Spaziergangs erkunden. Weitere Stunden sind für den Besuch der Museen und Kunstausstellungen einzuplanen.

Rund um die Plaza del Adelantado [1]

Der Platz ist mit Bäumen so dicht bestanden, dass man auch im Hochsommer nicht zu schwitzen braucht. Seine Westseite wird vom **Convento de Santa Catalina** [2] eingenommen, dessen rechte Ecke mit einem Söller gekrönt ist. Durch das Gitterwerk können die im Kloster lebenden Nonnen auf den Platz hinausschauen, ohne befürchten zu müssen, gesehen zu werden. Das Kloster beherbergt den in einem Glassarkophag ausgestellten Leichnam der selig gesprochenen Nonne Siervita Sor María de Jesús (1643–1731), der ›wie durch ein Wunder‹ nicht verwest ist – jedes Jahr am 15. Februar kann man ihn in Augenschein nehmen.

Neben dem Konvent ließ sich eine Adelsfamilie 1585 aus grauen Quadern einen Palast bauen: Der **Palacio de Nava y Grimón** ist, ebenso wie die gegenüberliegende Markthalle, vorerst geschlossen. Im Uhrzeigersinn gelangt man zur **Ermita San Miguel** [3], einer Kapelle aus der Zeit der Conquista. Nicht besichtigen kann man den Justizpalast nebenan, wohl aber das stilvolle **Hotel Nivaria La Laguna** [4], dessen Hof-

40

La Laguna

Sehenswert

1. Plaza del Adelantado
2. Convento S. Catalina
3. Ermita San Miguel
4. Nivaria La Laguna
5. Iglesia de Santo Domingo
6. Ayuntamiento
7. Casa de los Capitanes
8. Catedral de los Remedios
9. Teatro Leal
10. Plaza de la Concepción
11. Iglesia de Nuestra Señora de la Concepción
12. Sala de Arte María Rosa Alonso
13. Instituto Cabrera Pinto
14. Convento San Agustín
15. Palacio Episcopal
16. Casa Lercaro
17. Fundación Cristino de Vera
18. Convento Santa Clara
19. Santuario del Santísimo Cristo
20. Museo de la Ciencia

Essen und Trinken

1. Casa Viña Norte
2. Palmita
3. La Carpintería
4. El Obispado
5. Don Tito
6. La Casa de Óscar
7. Bodegón Viana
8. Posada de los Mosqueteros
9. Café La Folie

---

und Gartencafé Treffpunkt der Laguneros ist. Neben dem Hotel lohnt ein Abstecher südwärts zur **Iglesia de Santo Domingo** 5 (16. Jh.), der Kirche des ehemaligen Dominikanerklosters.

Calle Obispo Rey Redondo

La Lagunas wichtigste Promenierstraße verbindet die zentralen Plätze der Stadt: die Plaza del Adelantado im Osten und die Plaza de la Concepción im Westen. Vorbei am **Rathaus** 6 *(ayuntamiento)* kommt man zur **Casa de los Capitanes** 7 (1631), die rings um einen Säulenhof errichtet wurde. Heute beherbergt sie die Touristeninfo.

Die zahlreichen **Klöster** können Di–Fr 10–17, Sa 10–14 Uhr besichtigt werden, das Sammelticket (3 €) erhält man in der Touristeninformation.

Nächster Stopp ist die **Catedral de los Remedios** 8 (1515). Von außen unscheinbar, birgt sie im Innern wahre Schätze: Bilder von Hendrick van Balen, dem Lehrmeister van Dycks, ein Tabernakel von Luján Pérez und eine aus Carrara-Marmor gemeisselte Barockkanzel (z. Z. wegen Restaurierung geschl.). In der früheren Bischofsresidenz befindet sich heute das Hotel Aguere. Der Lichthof mit Café lohnt ebenso einen Blick wie das gegenüberliegende, im Jugendstil erbaute **Teatro Leal** 9, wo oft Konzerte stattfinden.

Plaza de la Concepción 10

Die Spitze der dreieckigen Plaza de la Concepción weist auf die **Iglesia de Nuestra Señora de la Concepción** 11 (1497). Sie ist La Lagunas erste Kirche: dreischiffig, mit roten Tuff-Säulenreihen und bemalten Holzdecken im Mudéjar-Stil. Der hohe Glockenturm ist das Wahrzei-

41

Der Osten

Das Museum **Fundación Cristino de Vera** [17] passt ideal zur Bischofsstadt: In einem Herrenhaus wird das Werk des 1931 auf Teneriffa geborenen Malers Cristino de Vera gezeigt: Über 100 in hellen Farben pointillistisch gemalte asketische Tableaus aus 50 Jahren (Calle de San Agustín 18, www.fundacioncristinovera.com, Mo–Sa 11–13, 17–21 Uhr, Eintritt frei).

chen der Stadt – wer ihn besteigt, wird mit einem weiten Ausblick belohnt (Turmbesteigung tgl. 9–17 Uhr). Kanarische Kunst der letzten 200 Jahre bietet die **Sala de Arte María Rosa Alonso** [12] (Plaza de la Concepción 5, Mo–Fr 11–13, 17–21, Sa 11–13 Uhr, Eintritt frei).

Calle de San Agustín

In der Fußgängerstraße San Agustín stehen weitere imposante Gebäude, so das **Instituto Cabrera Pinto** [13]. Es war ursprünglich Teil des benachbarten Konvents, diente im 18. Jh. als erste kanarische Universität und ist heute ein Kulturzentrum (meist Di–Sa 11–14 und 17–21, So 11–14 Uhr). Neben ihm erhebt sich die Ruine des 1972 abgebrannten **Convento San Agustín** [14].

Vorbei an der Iglesia de Nuestra Señora de los Dolores, der mit goldenen Barockaltären ausgestatteten ›Kirche der Schmerzensreichen‹, kommt man zum **Palacio Episcopal** [15] (1681). Der barocke Bischofspalast, 2006 gleichfalls ausgebrannt, wurde aufwendig restauriert. Er kann zwar nicht besichtigt werden, wohl aber der große Devotionalienladen.

Jenseits der nächsten Kreuzung (Ecke Calle Tabares de Cala) befindet sich zur Linken die **Casa Lercaro** [16]. Der Herrensitz (1593) mit herrlichem Patio beherbergt das **Museo de His-** **toria de Tenerife,** in dem die Entwicklung Teneriffas von der Eroberung bis zur Gegenwart dokumentiert wird (Calle San Agustín 22, www.museosde tenerife.org, Di–So 9–19 Uhr, Eintritt 3 €, deutscher Begleittext).

Calle Viana

Wendet man sich an der nächsten Querstraße nach links, stößt man auf die abweisenden Mauern des **Convento Santa Clara** [18]. Wie schon die Nonnen im Catalina-Kloster (s. o.) haben auch die Klarissinnen, die ein Eremitendasein führen, nur eine Möglichkeit des Außenkontakts: Sie können durch das Holzgitter der Fenster auf die Straße schauen. Angesichts dieser Askese ist man über das Innere der Kirche erstaunt: Mit ihren goldstrotzenden Mudéjar-Decken und Altären stellt sie weltliche Pracht zur Schau.

Folgt man der Viana nordwärts, kommt man zur Plaza de San Francisco del Cristo. An ihrem Rand steht das Kloster **Santuario del Santísimo Cristo de La Laguna** [19] mit einer Kirche, deren Schmuckstück eine in Silber gefasste Skulptur des Gekreuzigten ist – mitgebracht von Eroberer Alonso de Lugo. Dank ihrer wurde die Kirche zum ›königlichen Heiligtum‹ gekürt; nebenan öffnet das ›Haus der Sklaven des königlichen Heiligtums‹ mit Kostbarkeiten, die reiche Tinerfeños spendeten.

Uni-Viertel südlich der Altstadt

Zehn Gehminuten braucht man von der Plaza del Adelantado ins Universitätsviertel. Zuerst kommt man ins Cuadrilátaro, ein von vier Straßen gebildetes Viereck mit studentischen Bars. Weiter südlich liegt der **Campus Universitario,** noch ein Stück weiter das **Museo de la Ciencia y del Cosmos** [20]. 100 Stationen zeigen die Schwerkraft, den

Aufbau von Atomen und das Phänomen der schwarzen Löcher. Spannend ist auch der Skelettspiegel, der das eigene Knochengerüst enthüllt (Via Láctea s/n, www.museosdete nerife.org, Di–So 9–19 Uhr, Eintritt 3 €).

Übernachten

Eine Institution – **Nivaria La Laguna** **4**: Plaza del Adelantado 11, Tel. 922 26 42 98, www.hotelnivaria.com, DZ ab 60 €. Grafenpalast mit viel Charme am Hauptplatz. Stilvolle Standard- und Superior-Zimmer sowie extragroße Suiten mit Blick auf den Platz, alle mit Sat-TV, Gratis-Safe, Internetzugang und Kitchenette. Faszinierend ist das Hotelpublikum, darunter Wissenschaftler aus aller Welt und Kanarier von allen Inseln. Gutes Frühstücksbüfett, das Hofcafé ist ein beliebter Treff.

Essen und Trinken **1** – **9**

direkt 2 S. 44.

Infos und Termine

Oficina de Turismo: Casa de los Capitanes, Calle La Carrera 7, Tel. 922 63 11 94, www.visitlalaguna.es, tgl. 9–17 Uhr. Im Infobüro erhält man das preiswerte Kombiticket für den Besuch von Kirchen und Klöstern, auf Wunsch kann man sich einem Führer anschließen. Mo–Fr werden um 11.30 Uhr Gratis-Stadtführungen auf Deutsch angeboten – es empfiehlt sich, vorher telefonisch zu reservieren.
Verkehr: Der **Busbahnhof** befindet sich 10 Gehminuten nordwestlich des Zentrums; die **Straßenbahn** verbindet die Universität mit Santa Cruz.
Osterprozession: Feierliche Prozessionen mit Trommelwirbel wie zur Zeit der Inquisition.
Fiesta del Santísimo Cristo: 14. Sept. Bei diesem Fest wird das ›Allerheiligste‹ geehrt.

Candelaria ▶ G 4

Der Kirchplatz im wichtigsten Wallfahrtsort der Kanaren (benannt nach der Schutzheiligen Candelaria) ist nicht zu verfehlen. Die Calle Obispo Cáceres, eine von Cafés und Souvenirshops gesäumte Fußgängermeile, führt geradewegs zur **Plaza de la Patrona de Canarias,** die sich wie eine Bühne zum Meer öffnet. Effektvoll wird sie von neun überdimensionalen Bronzestatuen abgeschlossen. Die von José Abad 1993 geschaffenen Figuren stellen die zur Zeit der Conquista herrschenden Guanchen-Fürsten dar. Sie blicken stolz zur Kirche hinauf und symbolisieren so die friedliche Unterwerfung der Guanchen unter die Herrschaft des Christentums – eine idealisierte Darstellung aus Siegersicht, fern der historischen Wahrheit. Das freilich hindert Tausende von Pilgern nicht daran, erst zu Candelarias Namenstag am 2. Februar und dann noch einmal zu Mariä Himmelfahrt Mitte August die Stadt zu stürmen. Eine 1 m große Marienfigur thront in einem Prunkschrein der neobarocken, 1958 erbauten **Basílica de Nuestra Señora de La Candelaria** (Plaza de la Patrona de Canarias, Mo–Sa 9–13, 15–19.30, So 9–19 Uhr). Einst war sie in der Höhlenkapelle Cueva de San Blas aufgestellt, zu der ein Promenadenweg von der letzten Guanchenfigur führt.

Guanchen-Pyramiden in Güimar **direkt 3** S. 47

Infos und Termine

Bus: Stündlich Verbindungen mit Las Américas (111), Santa Cruz (122–124, 127 und 131) und Güimar (124, 127).
Purificación de la Virgen: 2. Feb.
Fiesta de la Virgen de Candelaria: 14./15. Aug. An diesem Datum größtes Wallfahrtsziel der Kanaren.

2 | Tascas und Tapas – leckere Happen in La Laguna

Cityplan: S. 40

Die ehemalige Hauptstadt ist zwar UNESCO-Weltkulturerbe, aber nicht museal. Für Frische vor der kolonialen Kulisse sorgen Tausende von Studenten. Und weil sie gesellig und ausgehfreudig sind, hat sich eine lebendige Gastroszene entwickelt. In gemütlichen Tascas genießt man Herzhaftes und dazu Inselwein.

Wer kennt sie nicht: Tapas, die spanischen Appetithappen? Einst legte sie der Wirt gratis aufs Tellerchen, mit dem er das Bier- bzw. Weinglas abdeckte (*tapar* = bedecken). Dies hatte den Vorteil, dass der Gast weniger Alkohol im Blut hatte, sodass er sich bald ein zweites Gläschen genehmigen konnte ... Längst sind Tapas aber keine Gratis-Beilage mehr, sondern werden vom Gast bestellt und bezahlt. Doch noch immer ermöglichen sie eine gesellige Art des Essens. Mehrere Tapas kommen gleichzeitig auf den Tisch, wobei sich jeder Tischgenosse den Happen herauspickt, der ihm schmeckt. In La Laguna öffnet fast an jeder Ecke eine Tapas-Bar, die hier *tasca* heißt und gemütlich-rustikal eingerichtet ist. Da man immer nur eine Kleinigkeit zu essen braucht, kann man einen Rundgang unternehmen und dabei unterschiedliche kulinarische ›Handschriften‹ kennenlernen.

Zuerst ein Aperitif

Auf der Plaza de la Concepción, dem westlichen Zugang zur Altstadt, kann man sich auf das kommende Vergnügen einstimmen: In der **Casa Viña Norte** [1], einem alten herrschaftlichen Haus, werden alle Weine des Inselnordens glasweise ausgeschenkt. Mit dem Wein in der Hand spaziert man durch den von Galerien gesäumten Innenhof und betrachtet die ausgestellten Bilder Wer lieber alkoholfrei starten will, kann sich im **Palmita** [2] nebenan gütlich

44

2 | Tascas und Tapas in La Laguna

tun: In diesem halb historischen, halb chillig gestylten Café, das eine deutsch-stämmige Familie betreibt, stammt alles aus eigener Herstellung: opulente Kuchen und Torten, Petit Fours und Pralinen sind wie kleine Kunstwerke ausgestellt.

Bei Schreiner und Bischof

Wenige Schritte entfernt öffnet Señor Emilio die Türen seiner ›Schreinerei‹ **La Carpintería 3**. Gut geschreinert sind hier die Lacktische und Stühle, die mit ihren andalusischen Ornamenten verraten, woher der Besitzer stammt. In einem riesigen Regal stapeln sich Flaschen voll Wein, zu dem man fein geschnittenen iberischen Schinken und Manchego-Käse bestellen kann. Gern bliebe man länger, doch locken zwei Parallelstraßen südlich weitere Tascas.

Beim ›Bischof‹ **El Obispado 4**, dessen Haus vom Boden bis zur Decke mit Naturstein ausgelegt ist, wird auf La Lagunas geistliche Tradition ironisch Bezug genommen: Volkstümliche Heiligenfiguren und -bilder schmücken die Wand; selbst ein Weihwasserschälchen fehlt nicht. Der Besitzer trägt den Namen Israel, sein Weinschenk – ein prämierter Sommelier – nennt sich schlicht Pingpong. 50 bis 60 Weine hat er auf Lager, die man glas- bzw. karaffenweise kosten kann, dazu bestellt man *montaditos*, raffinierte Kanapees, die mit einem Zahnstocher zusammengehalten (›montiert‹) werden. Da gibt es Thun-Spießchen *(brocheta de atún rojo)* und Blutwurst mit Wachtelei *(cojonudo)*; auf der Zunge zergeht *tostadita de foie gras*.

Eine süße Alternative gibt es gleich nebenan: **Don Tito 5**, ein Café mit Holzgalerie und Kristalllüster, bietet Schokolade in allen Facetten: schwarz oder weiß, heiß oder kalt, pur oder mit scharfen Beigaben.

Übrigens: Der Surrealist Óscar Domínguez (1906–1958) ist Teneriffas bekanntester Künstler. Er führte ein wildes Bohème-Leben, das ihn früh nach Paris brachte, wo er Freund von Dalí und Picasso war. Im TEA von Santa Cruz ist ihm eine eigene Abteilung gewidmet.

Weiter unten auf der Straße entdeckt man ›Oscars Haus‹, **La Casa de Óscar 6**, benannt nach dem hier 1906 geborenen Maler Óscar Domínguez. An seinem Selbstporträt mit Pfeife und Hut vorbei gelangt man in einen Saal, in dem man sich an hohen Bistrotischen *montaditos,* Tapas und kleine Spieße *(pinchos)* schmecken lässt.

Bodegón Viana – wie bei Muttern

Folgt man der Straße abwärts und biegt links in die Calle Viana ein, stösst man auf den **Bodegón Viana 7**. Trotz viel Holz strahlt er Kantinen-Charme aus – dafür sorgen die Plastiktischdecken, der laufende Fernseher und das helle Licht. Das stört die meist jungen Gäste, die hier seit 1976 einfallen, wenig. Nun, da Señor Graciano den Kochlöffel an Sohn Francisco abgegeben hat, lassen sie es sich bei diesem schmecken. Es gibt Hausmannskost wie bei Muttern und dies zu einem Preis, der nur halb so hoch ist wie bei der Konkurrenz: Für 10 € wird man locker satt.

Gasthof der Musketiere

Das nächste Lokal führt uns ins Mittelalter: Ritterrüstungen, Degen und alte Pistolen hängen an der Wand, Wandteppiche zeigen schneidige Ritter beim Zechgelage. Doch die tapfersten Musketiere in der **Posada de los Mosqueteros 8** sind Mabele und Manolo,

45

Der Osten

Gemütliche Atmosphäre in La Carpintería

die mit gutem Essen und Wein für Stimmung sorgen. Sie servieren iberischen Schinken, Käse und Wurst, auch eine vorzügliche Fischpfanne *(cazuela de pescado)* und Schwertfischröllchen gefüllt mit Tintenfisch *(rollito de pez espada)*. Wer Deftiges mag, greift zum Kaninchentopf oder zu *huevos estrallados*, ›versprengten Eiern‹, die bedeutend besser schmecken, als es der Name vermuten lässt. Es handelt sich hier um geröstete Kartoffelspäne mit eingeschnittenem Schinken, Paprikawurst, Austernpilzen und Rührei. Alles kommt in Riesenportionen auf den Tisch.

Zum Abschluss – das ›verrückte‹ Café

Spätestens jetzt, wenn man dringendst einen Digestif (oder zwei) braucht, ist man reif für **La Folie** [9]. Man lässt sich in ein mit synthetischem Leopardenfell überzogenes Sofa fallen und wird von der chilligen Musik eingelullt.

Adressen und Öffnungszeiten

Casa Viña Norte: Plaza de la Concepción 16, Mo–Fr 10.30–14 und 17.30– 20.30 Uhr, 1 Glas Wein 1 €.
Palmita: Plaza de la Concepción s/n, www.palmelita.es, tgl. ab 9 Uhr.
La Carpintería: Calle Núñez de la Peña 14, Mo geschl.
El Obispado: Calle Herradores 88, www.tascaelobispado.com, Mo–Do 9–23 Uhr, Fr, Sa 9–24 Uhr, So geschl., *montadito* ab 2 €.
Don Tito: Calle Herradores 88, Mo–Fr 7.30–23, Sa, So 9–23 Uhr).
La Casa de Óscar: Calle Herradores 66, Mo–Sa 8–24 Uhr, *montadito* ab 2 €.
Bodegón Viana: Viana 35/Ecke San Agustín, www.bodegonesviana.com, Di–So 13–0.30 Uhr.
Posada de los Mosqueteros: Santo Domingo 24, Mo–Sa 13–16.30, 20–0.30 Uhr, Preise um 16 €.
La Folie: Santo Domingo 10, tgl. 12–24 Uhr.

3 | Spuren der Ureinwohner – Guanchen-Pyramiden in Güímar

Karte: ▶ G 4

Altkanarische Sonnentempel? Ein ›Tal der Könige‹? Noch heute geben die sechs Stufenpyramiden Wissenschaftlern Rätsel auf. Ein ethnografischer Park weiht in die Welt der Guanchen, der Ureinwohner Teneriffas, ein und erläutert zugleich, wie sie auf die Insel gelangt sein könnten und mit welchen Kulturen in Amerika sie wohl Kontakt hatten.

Entdeckung der Pyramiden

Skandinavische Hobbyarchäologen waren die ersten, die in den großen Steinbauten bei Güímar Pyramiden erkannten und ihren Fund 1991 dem renommierten Anthropologen Thor Heyerdahl mitteilten. Dieser befand, die sechs Bauten hätten verblüffende Ähnlichkeit mit den alten Pyramiden in Mesopotamien, Mexiko und Peru. Und Teneriffas Archäologen stellten fest, dass die Pyramiden exakt auf die Sonnenwende von Sommer und Winter ausgerichtet sind, weshalb sie den Guanchen als kultischer Jahreskalender gedient haben könnten. An jeder Pyramide führen Stufen dergestalt auf das Gipfelplateau, dass man beim Hinaufsteigen der Sonne entgegensieht. In einer Höhle am Fuß der sog. Mencey-Pyramide fand man Keramik, Schmuck und Werkzeug vom 7. bis 11. Jh. – vermutlich Grabbeilagen hochstehender Persönlichkeiten.

Kontakte zwischen Alter und Neuer Welt

Nicht nur das große, von kanarischen Pflanzen eingefasste Pyramidenareal ist eindrucksvoll, auch das **Museum** 1 ist interessant. Hier wird versucht, Heyerdahls These zu belegen, lange vor Kolumbus' Entdeckungsreisen (ab 1492) habe es zwischen den Bewohnern Europas, Asiens, Afrikas und Amerikas Kontakt gegeben. »Die Menschen wa-

Der Osten

ren in der Lage, den Ozean zu queren, Wind- und Meeresströmungen zu nutzen, als sie lernten, unsinkbare Boote aus Binsen zu bauen« (Heyerdahl). Modelle primitiver Schiffe sowie ihre Darstellung auf antiken Reliefs und anderen Kunstobjekten belegen, wie verbreitet diese Gefährte dies- und jenseits des Ozeans waren. Dank einer Installation begreift man, wie Passatwinde und Meeresströmungen sie von Südeuropa bzw. Nordafrika nach Amerika trieben.

Mit den frühen Seefahrern kann das Wissen um den Pyramidenbau auf unterschiedliche Kontinente gelangt sein. Ansichten von Pyramiden aus aller Welt fördern Ähnlichkeiten zutage. Doch nicht nur die Pyramiden, auch Menschendarstellungen können als Indiz für frühe Kontakte dienen. So schufen sich die südamerikanischen Indianer ihre Götterbilder nicht nach eigenem, sondern nach dem Abbild eines fremden Mannes. Auffällig ist, dass die Indianer keinen Bart trugen, doch ihre Götter seltsamerweise mit Bart ausstaffierten. Die Vermutung liegt nahe, dass sie als Modell antike oder mittelalterliche Seefahrer aus Europa wählten, die dieses Männlichkeitsattribut gern zur Schau trugen. Eindrücklich ist die einer Maya-Tempelmalerei nachempfundene Installation, die zeigt, wie ein Weißer von drei dunkelhäutigen Indianern den Göttern als Opfer dargebracht wird.

Übrigens: Heyerdahl hat bewiesen, dass es möglich ist, mit Binsenbooten Ozeane zu queren. 1947 segelte er mit dem Floß **Kon-Tiki** in 101 Tagen 8000 km von Peru nach Polynesien. 1970 überquerte er auf dem Papyrusboot **Ra II** den Atlantik von Marokko in die Karibik. Dabei legte er in 57 Tagen 6100 km zurück. Unter einem riesigen Zeltdach ist eine originalgroße Replik der Ra II ausgestellt, Miniaturmodelle veranschaulichen weitere archaische Schiffstypen. Historische Fotos zeigen die Crew samt Affe (!) bei der großen Überfahrt. Im Auditorium kann man sich einen 15-minütigen Film zu Heyerdahls Expeditionen anschauen.

Infos
Parque Etnográfico Pirámides de Güímar: Calle Chacona s/n, Tel. 922 51 45 10, www.piramidesdeguimar.

net, tgl. 9.30–18 Uhr, Eintritt 10,40/ 5,20 €; Beschriftung auf Deutsch bzw. Englisch.

Übernachten
Zwischen Güímar und Puerto Güímar liegt inmitten einer ehemaligen Tabak-Finca das freundliche Landhotel **Finca Salamanca** 1 (TF-61 Km 1,5, Tel. 922 51 45 30, www.hotel-fincasa lamanca.com, DZ ab 66 €).

Essen und Trinken
Stimmungsvoll speist man im Stadtzentrum im alten Herrenhaus **Santo Domingo** 1 (Calle Santo Domingo 82, Tel. 922 51 02 29, um 15 €).

Der Süden und Südwesten

El Médano ▶ E 8

Funktionale Neubauten, gedrängt an zu schmalen Straßen – das ist der erste Eindruck von El Médano. An der Küste wird man versöhnlicher gestimmt: Ein heller Strand erstreckt sich längs der Stadt 1,5 km bis zum ›Roten Berg‹ *(Montaña Roja)*. Die **Playa del Médano** ist Teneriffas längster Naturstrand und von einer Holzplankenpromenade gesäumt. Hinter dem Roten Berg liegt die **Playa de la Tejita,** ein zweiter naturbelassener Strand. Und in entgegengesetzter Richtung der Stadt bietet sich an der **Playa de la Jaquita** eine weitere Bademöglichkeit. Vor allen Stränden wird gesurft, denn aufgrund des meist starken Passats ist El Médano ein Hotspot der Surfszene. Mehrere Schulen haben sich auf die Kundschaft eingestellt und bieten Kurse an, auch im Kite-Surfen.

Montaña Roja

Der naturgeschützte Vulkan kann über den Strand oder von der Straße her bestiegen werden. Der an der TF-643 bei Km 1,8 (Parkplatz) startende Pfad führt in 1 Std. auf den Gipfel. Von oben sieht man nicht nur die fossilen Dünen an der Südostseite des Bergs, sondern auch den Teide, der den Kranz des Cañadas-Kessels mächtig überragt.

Übernachten

Aktiv im Strandhotel – **Playa Sur:** Playa del Médano s/n, Tel. 922 17 61 20, www.hotelplayasurtenerife.com, DZ ab 84 €. Gute Lage und freundliches Ambiente, Pool, Naturheilpraxis und Bike-Verleih, Surf- und Kanubasis gleich nebenan. Kulturelle Veranstaltungen vom Piano- bis zum Kabarettabend werden organisiert vom ›Insel-Pionier‹ Heinz-Dieter Küneke. O-Ton: »Meine Kunden suchen keine goldenen Wasserhähne, interessieren sich aber für Land und Leute«. WLAN gratis.
Zentral am Ortsstrand – **El Médano:** Paseo Picacho 2, Tel. 922 17 70 00, www.hotelmedano.com, DZ ab 62 €. Das älteste Hotel des Ortes (1960) wurde teilweise modernisiert, bietet eine riesige Sonnenterrasse, die auf Pfeilern teilweise übers Meer reicht, einen Pool und Gratis-WLAN.

Essen und Trinken

Rings um den zentralen Platz, der sich zum Strand öffnet, reihen sich Cafés und Lokale. Mit Blick aufs Meer und den Roten Berg sitzt man auf den Terrassen der Flanierstraße **El Picacho,** der alten Hafengasse des Orts. Hier sind alle Restaurants auf Fisch spezialisiert.

Einkaufen

Markt – **Mercadillo:** Sa 9–14 Uhr findet auf der Plaza ein Kunsthandwerksmarkt statt.

Ausgehen

Es gibt nette Bars rings um die Plaza und an der Promenade.

49

Der Süden und Südwesten

Sport und Aktivitäten

Baden – Wem die Ortsstrände nicht reichen, findet einen abgelegenen Badeplatz am Fuß der **Montaña Pelada** nördlich von El Médano. Anfahrt nur mit Pkw über Autobahnausfahrt Avares.

Golfen – Nahebei befinden sich die Plätze **Golf del Sur, Amarilla Golf** und **Los Palos.**

Radfahren – **Bike Point:** Calle Villa de la Orotava 10, Tel. 922 17 62 73, www.medanobike.com. Geführte Touren und Radverleih.

Surfen – **Surf Center:** www.surfcenter.el-medano.com. Traditionsreiche Basis (1985) am Hotel Playa Sur; mit Lagerraum, Brettverleih und Kursen.

Infos und Termine

Oficina de Turismo: Plaza de los Príncipes de España s/n, 38612 El Médano, Tel. 922 17 60 02, www.elmedano.net, Mo–Fr 9–15, Sa 9–13 Uhr.

Busse: Nach Santa Cruz Linie 116, nach Las Américas 470 und 483.

Granadilla ▸ E 7

Die Gemeindestadt in 650 m Höhe dehnt sich immer mehr aus. Schön ist nur noch der alte Ortskern mit dem **Convento de San Francisco** (17. Jh.) und der **barocken Pfarrkirche.** Ländlichen Charme strahlen die steilen Straßen oberhalb der Plaza aus.

Übernachten

Nostalgisch – **Senderos de Abona:** Calle Peatonal de la Iglesia 5, Tel. 922 77 02 00, www.senderosdeabona.com, DZ ab 78 €. *Senderos* heißt übersetzt ›Wege‹: Diese führen in alle Himmelsrichtungen und laden zu Wandertouren ein. Ein guter Standort ist das kleine Hotel in der ehemaligen Post aus dem 19. Jh. neben der Kirche (Fußgängerzo-

ne). Mit seinen Steinmauern, Balkendecken und alten Möbeln verbreitet es romantischen Charme. Man trifft sich im Salon oder im Garten mit Mini-Pool.

Essen und Trinken

Speisengaumerie – **Casa Tagoro:** Calle Tagoro 28, Tel. 922 77 22 40, Do–Sa 17.30–23, So 12.30–23, Mo 17.30–23 Uhr, Juli geschl. Tapas ab 5 €. Knarrende Dielen, dunkle Gemälde und Kerzenlicht bilden den Rahmen für ein besonderes Mahl. Wer Zeit hat, gönne sich das mehrgängige Degustationsmenü (ab 42 € inkl. Aperitif)! Zu jeder Saison bieten die österreichischen Besitzer Besonderheiten an, z. B. im Herbst »Wilde Wochen« und im Winter jeden Sonntag ab 12.30 Uhr ofenfrischen Schweinebraten (bitte reservieren). Fast alle Gerichte gibt es auch als Tapa; für jedes Hauptgericht bekommt man einen Kinderteller mit Getränk gratis dazu.

Los Abrigos und Golf del Sur ▸ D/E 8

Die beiden Orte sind miteinander verschmolzen: Vom einstigen Fischerort **Los Abrigos** blieb der Hafen mit Meerespromenade und Fischlokalen. Landeinwärts schließen sich gesichtslose Wohnstraßen an. Weiter westlich wurden neue Akzente gesetzt: Das Fünfsterne-Resort **San Blas** (s. S. 53) ist das Bindeglied zur Komfortsiedlung **Golf del Sur** (mit zwei Golfplätzen); vorgelagert ist der Jachthafen Marina de San Miguel. Längs der Felsküste führt ein Promenadenweg, vorbei am Meerwasser-Pool El Guincho und dem Kiesstrand San Blas, nach Los Abrigos zurück. Natürliches Highlight der Region ist die Naturschutzoase **Reserva Ambiental de San Blas,** **direkt 4 ▸** S. 51, beim Resort San Blas.

50

4 | Naturschutzoase in Los Abrigos – Reserva Ambiental de San Blas

Karte: ▶ D 8

Erst ist man ›live‹ bei der vulkanischen Entstehung der Insel dabei, dann nimmt man an ihren wichtigsten Geschichtsepisoden teil. Anschließend spaziert man durch eine bizarr ausgewaschene Schlucht und unternimmt einen Bootstrip. Kaum zu glauben, dass zwischen den Ferien-Urbanisationen des Südostens eine so wilde Schlucht geblieben ist!

Eine Zeitreise

Stockfinster ist es. Die Erde bebt. Dann dringt Schwefelgeruch in die Nase. Aus der Dunkelheit wälzt sich ein glühender Lavastrom heran, zähflüssig kriecht er über schwarzen Fels. Der ›Tunnel‹ von San Blas, Teil des **Besucherzentrums**, in dem das Spektakel beginnt, ist eine Zeitmaschine die Besucher in jene Epoche zurückversetzt, als sich Teneriffa aus den Fluten des Atlantiks erhob. Mithilfe von 3-D-Computeranimationen erfährt man, wie Leben auf der Insel entstand: Wind trug von weither Sporen heran, Samen kamen versteckt im Gefieder und Kot von Vögeln und keimten in der Vulkanerde auf.

In einer zweiten Episode nimmt man am kargen Alltag der Ureinwohner teil, treibt mit ihnen die Ziegen Richtung Meer, geht fischen und jagen. Doch dann betreten europäische Menschenjäger und Konquistadoren die Bühne: Man hört das Kettengerassel der Ver-

51

Der Süden und Südwesten

Der glasklare See im Schutzgebiet San Blas ist Lebensraum verschiedener Vogelarten

sklavten, ihr Stöhnen und Weinen. Das Los der nachfolgenden Generationen ist nicht leichter: Viele Tinerfeños sahen als einzigen Ausweg die Emigration. Und schon ist man mit ihnen auf dem Schiff. Die Luken schließen sich, unter Deck herrscht drangvolle Enge. Ein Sturm kommt auf, und man beginnt auf den wankenden Planken das Gleichgewicht zu verlieren ...

Szenenwechsel: Auf Drehhockern nimmt man Platz, während auf diversen Leinwänden das Erlebte schlaglichtartig erhellt wird. Per Touchscreen kann man mehr zu einzelnen Objekten erfahren, z. B. zum Vulkangestein in der Schlucht oder zu einem 2000 Jahre alten, in einer nahen Höhle gefundenen Tongefäß. Gern nutzten die Guanchen Höhlen zum Wohnen, denn diese waren im Winter warm und im Sommer kühl. In Höhlen bestatteten sie auch ihre Toten, wobei Mitglieder der Herrscherkaste in den Genuss einer Mumifizierung kamen. Dies ist ein weiteres Indiz für einen über die Kanaren vermittelten Kulturkontakt zwischen Alter und Neuer Welt, denn auch in Mittelamerika wurden Tote mumifiziert.

Schluchtabenteuer

Nichts ist schöner als die Natur selbst! Mit Führer verlassen Sie das Besucherzentrum und wandern über gewundene Wege in den **Barranco San Blas.** Er hat sich bei einem Ausbruch der Cañadas vor Millionen von Jahren gebildet: ein Basaltbett, das sich bei nachfolgenden Eruptionen – die letzte fand vor 180 000 Jahren statt – mit durch hohen Druck zusammengepresstem Bimsstein füllte. Der hell leuchtende Stein ist so porös, dass in ihn Wind und Wasser bizarre Formen einschrieben: Herkulessäulen, Spiralen, Rosetten und wabenartige Labyrinthe. Stets haben Menschen die Schlucht genutzt, nicht nur die in Höhlen lebenden Guanchen, sondern auch ihre Nachkommen, die ins Bimsgestein lange Wasserkanäle schlugen.

Je tiefer man in die Schlucht hineinwandert, desto spektakulärer wird sie. Schließlich steht man vor einer zyklopischen Staumauer, die so geschickt aus Bims gefertigt wurde, dass man meint, sie sei Teil der Natur. Hier stärkt man sich mit einem Schluck aus der *pila* – der Führer erklärt, was es damit auf sich hat – und steht plötzlich vor einer gänzlich anderen Landschaft. Zwischen Felswänden breitet sich ein **See** [2] aus, an seinem Schilfufer gehen Vögel auf Jagd: Seiden- und Graureiher, Blesshuhn und Turmfalke sowie der Kleine Raubwürger, der seine Opfer, meist kleine Eidechsen, auf die Dornen eines Busches spießt.

4 | Reserva Ambiental de San Blas

Per Floß wird man ans gegenüberliegende Ufer geschippert und stößt am Fuß einer Steilstufe auf einen altkanarischen **Kultplatz** 3 . Einen geschliffenen Basaltstein, von weither hierher geschleppt, postierten die Guanchen auf einer mitten ins glatte Schluchtbett gehauenen schlangenförmigen Linie. Ein Symbol für die Schlucht, die ihnen Schutz und Nahrung gab? Oder ein *almogarén*, eine Art Trankopferaltar für die Götter?

Über in den Bims geschlagene Stufen entsteigt man der Schlucht und wird per Elektrowagen zum Startpunkt zurückgebracht. Wer will, kann sich im Museum Filme zur kanarischen Kultur anschauen oder aber den Tag im Barranco San Blas bzw. seiner wilden Nachbarschlucht verbringen.

Infos
Reserva Ambiental de San Blas: Los Abrigos, Tel. 922 74 90 10, www.sanblas.eu, tgl. z. Z. 9–13 Uhr; Reservierung obligatorisch; zweistündige Führung auf Deutsch bzw. Englisch jede halbe Stunde, Eintritt 21 €, Kinder bis 12 Jahre frei. Die Wanderung durch die Schlucht ist für alle Altersklassen geeignet – feste Schuhe anziehen! **Anfahrt:** Mit Bus 470 kommt man von bzw. nach Los Cristianos und Granadilla; mit Auto wählt man auf der TF-1 die Abfahrt 24.

Übernachten
Das San Blas Resort 1 präsentiert sich konsequent-kanarisch – von der Architektur über Unterhaltungsangebote bis zur Küche. Das Fünfsterne-Hotel erstreckt sich vom Strand San Blas hufeisenförmig bis zum gleichnamigen Naturschutzgebiet, wobei es eine 1800 m² Poolfläche einschließt; mit Kajak befahrbar ist ein Teich. Die Zimmer, dekoriert mit Motiven bedrohter Flora und Fauna, sind großzügig; das Bad (mit Jacuzzi-Wanne) ist mit Glaswand optisch integriert. Angeboten werden Workshops von Astronomie bis zur »Sonnenküche«. Dazu gibt es ein Spa und viel Sport, Kletterwand und Beach-Volleyball, Mountainbike-Verleih sowie einen Mini-Club mit Spielplatz (Tel. 902 10 89 26. www.sanblas.eu, DZ ab 124 €).

Essen und Trinken
Nach Los Abrigos kommt man, um Fisch zu essen: An der Promenade reiht sich ein Lokal ans nächste, die Einheimischen gehen am liebsten ins **El Mirador** 1 . Nachdem man sich dort seinen Fisch in der Vitrine ausgesucht hat, genießt man ihn auf einem Balkon hoch über dem Meer. Übrigens bereitet Señor Carlos auch gute Paella zu (Av. La Marina 7, Tel. 922 74 94 48, tgl. außer Mi 12–22 Uhr, Preise um 15 €). Wer es eher exklusiv mag, kann im San Blas Resort einkehren: Im avantgardistisch gestylten Strandlokal **La Proa** 2 gibt es mediterrane Fischküche à la carte mit Atlantikblick (tgl. 13–16 und 19–23 Uhr, Preise um 30 €).

Sport und Aktivitäten
Am Kiessandstrand **Playa de San Blas** 1 steigt man in die Fluten oder hält unterm Bambusschirm Siesta. Man kann aber auch vom Jachthafen **Marina de San Miguel** 2 zu einem Unterwassertrip starten (mehrmals wöchentlich, www.submarinesafaris.com). Golfer haben einen attraktiven 3x9-Loch-Platz mit breiten Fairways und Meerblick. Auch gibt es eine spezielle Übungszone mit Putting und Chipping Green (**Golf del Sur** 3 , Av. Galván Bello, Autopista del Sur TF-1, Tel. 922 73 81 70, www.golfdelsur.net).

Der Süden und Südwesten

Los Cristianos ► C 7/8

Kaum zu glauben, dass dieser Ort noch 1950 nur aus einer Handvoll Fischerkaten und einer Kapelle bestand. Seit dem Tourismusboom expandiert er in alle Himmelsrichtungen. Nur im Süden, wo der Vulkankegel des Guaza aufragt, macht er Halt. Die küstennahen Unterkünfte sind im klotzigen Stil der 1970er-Jahre errichtet, landeinwärts ist die Bebauung lockerer. Was Los Cristianos von anderen Resorts unterscheidet, ist die Existenz eines historischen, heute weitgehend verkehrsberuhigten Ortskerns rund um die Kirche und die **Plaza del Carmen.** Eine Strandpromenade führt zum **Puerto,** dem großen Fischer- und Fährhafen.

Übernachten

Mit Tradition – **Reverón Plaza** **1**: Calle General Franco 26, Tel. 922 75 71 20, www.hotelesreveron.com, DZ ab 70 €. Vierstöckiges Stadthotel mit einem schönen Treppenhaus mit Glaskuppel und Wandmalereien, einem aussichtsreichen Frühstücksrestaurant und Pool-Terrasse. 44 schallisolierte Zimmer mit Stilmöbeln, am schönsten zur Kirchseite (Gratis-WLAN).
Kur – **Mar y Sol** **2**: Av. de Amsterdam 8, Tel. 922 75 05 40, www.marysol.org, Apartment ab 68 €. Behindertenfreundliche Kuranlage in dritter Strandreihe mit 136 Apartments, eingerichtet mit allergiefreien Materialien. Erwärmte Pools mit Einstiegshilfen und Hydromassagen, Therapiebecken mit Gehschule.

Essen und Trinken

In den von der Strandpromenade abzweigenden Fußgängerstraßen drängen sich Pizzerien, China-Lokale, Bars und Cafés.
Immer voll – **El Cine** **1**: Calle Juan Bariajo 8, Tel. 922 10 77 58, Di–So ab 12 Uhr, 10–12 €. Originelles Lokal, versteckt in einer von der Promenade neben der Apotheke abzweigenden Passage. Mittags ist es oft schwer, einen Tisch zu finden, doch Carlos lässt niemanden stehen: Wer warten muss, erhält vorher schon mal ein Getränk. Die Karte ist klein, dafür ist alles frisch und von bester Qualität: Fisch und Meeresfrüchte, Salat aus Freilandtomaten, Runzelkartöffelchen und Wein von der Insel.

Einkaufen

Markt – **Mercadillo** **1**: Av. Marítima/ Playa de los Tarajales, So 9–14 Uhr. Kommerz, Kunsthandwerk, Obst und Gemüse.
Deutschsprachige Bücher – **Librería Barbara** **2**: Calle M. Amalia Frías 3. Der beste Buchladen für deutschsprachige Literatur, engagiert geführt von Ortrud und Dieter.

Ausgehen

In den Fußgängergassen öffnen Wein- und Bierbars, nett sitzt man auch an der Promenade. Nachtschwärmer sind besser aufgehoben in Las Américas.

Sport und Aktivitäten

Baden – Die vor dem Hafen liegende hellsandige **Playa de los Cristianos** ist in einem weiten Halbrund angelegt. Das Wasser ist durch die vielen Schiffe nicht unbedingt sauber, weshalb man sich hier v. a. sonnt oder Beach-Volleyball spielt. Besser zum Baden geeignet ist die sich westlich anschließende, 1,5 km lange und durch Wellenbrecher geschützte **Playa de las Vistas.**
Wandern: s. »Wanderung durch die Höllenschlucht« S. 62.
Wale beobachten: **direkt 5 ▶** S. 56

Infos und Termine

Oficina de Turismo: Centro Cultural,

54

Plaza del Pescador, 38650 Los Cristianos, Tel. 922 75 71 37, www.arona.org, Mo–Fr 9–15, Sa 9–13 Uhr. Abends finden hier oft Konzerte statt.

Busse: Der Busbahnhof *(Estación de Guaguas)* befindet sich an der Av. Juan Carlos (nahe Ortsausgang) am Zubringer zur TF-1. Busse nach Santa Cruz (110, 111), Puerto de la Cruz (340, 343), La Caleta (416), Vilaflor und Teide-Nationalpark (342).

Fähre: s. S. 27.

Fiesta de Nuestra Señora del Carmen: 14. Sept. Prozession für die hl. Carmen zu Wasser und zu Land.

Las Américas ▶ C 7/8

Las Américas ist, wie der Name andeutet, die ›Neue Welt‹ der Kanaren: Statt in einer historisch gewachsenen Stadt bewegt man sich in einer Urbanisation vom Reißbrett, die in den 1970er-Jahren erbaut wurde. Die gesamte Infrastruktur mit Großhotels und Restaurants, Bars und Einkaufszentren ist auf touristische Bedürfnisse zugeschnitten. Dank eines Facelifting ist Las Américas in Meeresnähe mittlerweile etwas schöner geworden: In die Jahre gekommene Bauten wurden abgerissen oder umgerüstet, sodass man nun eine Fantasy-Welt vor sich hat: antike Tempel, mexikanische Dörfer, marokkanische Kasbahs und sogar einen Siam Park! Wie geklont sehen aber nach wie vor die Apartmentsiedlungen aus, die sich im Hinterland die Hänge hoch fressen.

Promenade

Das Beste an Las Américas ist die mit Palmen bepflanzte Meerespromenade. Ruhige und belebte Abschnitte wechseln einander ab, eingestreut sind Beachbars und Terrassenrestaurants. Westlich der Playa de las Vistas, dem 1,5 km langen Bindeglied zwischen Los Cristianos und Las Américas, liegt die **Playa del Camisón** mit einer Reihe attraktiver Hotels. Spaziert man weiter, kommt man zum **Felskap El Guincho.** Ihm vorgelagert ist ein kleiner, weißer Strand, der mit seinen Bambusschirmen privat wirkt, aber öffentlich ist. Plantschen kann man auch im Naturbecken vor der Playa, das sich bei Flut mit Frischwasser füllt. Jenseits davon werfen sich Surfer in die oft starke Brandung. Anschließend verläuft die Promenade an der felsigen Küste bis zur Einmündung des Barranco del Rey, der die Grenze zur Gemeinde Adeje markiert.

Übernachten

Aktiv für Familien – **Park Club Europa** **3**: Av. Rafael Puig 23, Tel. 922 75 70 60, www.europe-hotels.org, all inclusive für 2 Pers. ab 120 €. Ferienanlage im andalusischen Stil mit viel Sport und Unterhaltung. Pools mit Wasserrutschen, deutschsprachiger Mini- und Jugendclub (für bis 12- bzw. 17-Jährige). Eine Tauchbasis und DIGA-Sports (s. u.) befinden sich gleich nebenan. Abendliche Animation mit Showbühne.

Antik inspiriert – **Mare Nostrum Resort** **4**: Playa del Camisón, Tel. 922 75 77 00, www.marenostrumresort.es, DZ ab 75 €. Hotelstadt mit über 1000 Zimmern an der Playa del Camisón. Prunkstück ist Sir Anthony mit 72 Zimmern; gleichfalls aufs Meer schaut man von den Zimmern des Cleopatra (ab 2. Stock aufwärts). Große Pool-Landschaft, ärztlich geleitetes Thalassotherapie-Zentrum, 13 Restaurants (von italienisch bis russisch), Chillout-Bar mit Aussichtsterrasse und Pool.

Günstig am Meer – **Parque Santiago** **5**: Av. Las Américas s/n, Tel. 922 74 61 03, www.parquesantia ▷ S. 59

5 | Faszinierende Meeressäuger – Whalewatching vor Los Gigantes

Karte: ▶ B 4–C 7/8

Viel wird über die großen Meeressäuger berichtet, doch ›live‹ hat sie kaum jemand gesehen. Bei einem Bootsausflug haben Sie die Möglichkeit, die Tiere zu erleben: Weit draußen vor der Küste lassen sich Delfine blicken und Grindwale durchstoßen die Meeresoberfläche, um tief Luft zu holen.

Nomaden der Meere

Auf der Suche nach Nahrung durchpflügen Wale die wohltemperierten Meereszonen beidseits des Äquators. In kanarischen Gewässern kreuzen 26 verschiedene Wale und Delfine, ein Viertel aller existierenden Arten. Die meisten Meeressäuger tummeln sich zwischen Teneriffa und Gomera: Hier finden sie nährstoffreiches Wasser, die Jagd nach Beute ist dank wenig ausgeprägter Strömungen leichter. Gesichtet wurden schon große Blau-, Finn-, Buckel-, Sei- und Pottwale, dazu Orcas und Tümmler sowie kleinere Zahnwale, die man gemeinhin Delfine nennt. Zwischen der Nordwest- und der Südspitze Teneriffas, d. h. zwischen der Punta de Teno und der Punta de la Rasca, lebt eine Seemeile vor der Küste eine Kolonie von mehreren hundert Grindwalen (*Globicephala macrorhynchus*), die sich hier offensichtlich so wohl fühlt, dass sie Teneriffa nicht mehr verlassen will. Die bis zu 6 m großen und 30 Tonnen schweren Meeressäuger sind pechschwarz, haben am Rücken aber eine längliche weiße Pigmentierung. Am liebsten leben sie in Gruppen von 15–20 Tieren, untereinander verständigen sie sich mit melodischen Pfeiftönen. Ein Grindwal verputzt täglich 50–60 kg Tintenfisch, wobei die in seiner Lunge gespeicherte Luft für einen Tauchgang von 15 Minuten reicht – bis zu 900 m kommt er dabei in die Tiefe. Allerdings schafft er es nur dreimal in-

5 | Whalewatching vor Los Gigantes

nerhalb einer Stunde, die Luft so lang ›anzuhalten‹. Einmal im riesigen Walrachen gefangen, wird die Nahrung an der Meeresoberfläche verdaut.

Öfters tauchen die Tiere auf, um Luft zu holen, und pusten eine Wasserfontäne nach oben. Da sie neugierig sind, lassen sie sich aber auch mal ›einfach so‹ blicken. Die kleineren von ihnen springen über die Wellen und drehen waghalsige Pirouetten, die größeren schlagen das Wasser mit der Fluke, ihrer Schwanzflosse. Manchmal stoßen sie dabei seltsame glucksende, stöhnende und seufzende Laute aus.

Whalewatching – Boote mit Lizenz

Wo es Ungewöhnliches zu sehen gibt, ist die Tourismusindustrie nicht weit: So gab es viele Boote, deren Betreiber sich nicht unbedingt der Erforschung der Tiere widmeten, sondern an ihnen lediglich gut verdienen wollten. Die Gaudi ist größer, je näher man am ›Objekt‹

> **Übrigens:** Alle Reisebegleiter müssen einen offiziellen ›Walkurs‹ absolvieren, in dem sie alles Wichtige über die Meeressäuger lernen. »Schließlich muss ja auch ein Museumsführer über Mindestkenntnisse der ausgestellten Objekte verfügen«, so ein Sprecher der Inselregierung. »Gleiches muss man daher von den Betreuern der Walausflüge auch erwarten können.«

dran ist – die lärmempfindlichen Tiere hatten den Schaden davon. Um die Wale besser zu schützen, vergibt die Inselregierung seit 2008 eine Lizenz für ›Sanftes Whalewatching‹: Ist ein Tier gesichtet, darf sich ihm das Boot maximal bis auf 60 m nähern, der Gebrauch von Lautsprechern und Sonden, die die Tiere zum Aufsteigen bringen, ist tabu. Die unten genannten Anbieter sind bisher nicht durch umwelt- bzw. tierschädigendes Verhalten aufgefallen.

Infos

Waltörns starten bei ruhiger See mehrmals täglich im Puerto de Los Cristianos, Puerto de Colón und Puerto de Santiago/Los Gigantes (die erste Tour meist gegen 9.30 Uhr). Die Touren dauern – je nach Wunsch – zwei, drei oder fünf Stunden und kosten ab 15 € pro Person. Bei manchen ist ein Picknick an Bord im Preis inbegriffen, fast alle bieten zusätzlich Schwimm- bzw. Schnorcheltrips an der Küste. Am umweltfreundlichsten ist die Fahrt per Segelschiff, allerdings nur, wenn der Motor nicht angeworfen wird. Anbieter sind z. B. **Mar de Ons** in Los Cristianos (www.mardeons-tenerife.com), **Royal Delfin** in Puerto Colón (www.tenerife dolphin.com) und **Flipper** in Los Gigantes

57

Los Cristianos/Las Américas/Costa Adeje

Übernachten

... in Los Cristianos
1 Reverón Plaza
2 Mar y Sol

... in Las Américas
3 Park Club Europa
4 Mare Nostrum Resort
5 Parque Santiago

... in Costa Adeje
6 Iberostar Grand Hotel Anthelia
7 Jardín Tropical

Essen und Trinken

... in Los Cristianos
1 El Cine
2 Sama Sama/Sal Negra

... in Las Américas

3 Beach Club Mare Nostrum
4 Beach Club Villa Cortés

... in Costa Adeje
5 Las Rocas

Einkaufen

... in Los Cristianos
1 Mercadillo
2 Libreria Barbara

... in Las Américas
3 Maya

Ausgehen

... in Las Américas
1 Tibú Tenerife
2 Jazzissimo
3 Pirámide de Arona

Sport und Aktivitäten

... in Las Américas
1 Siam Park
2 Aqualand Costa Adeje
3 Golf Las Américas
4 Mini Golf Santiago
5 Aqua-Marina Dive Centre
6 Jungle Park

... in Costa Adeje
7 Puerto Deportivo Puerto Colón
8 WSC
9 Golf Costa Adeje
10 Club Miraverde

---

go.com, Apartment ab 50 €. Mehrere großzügige Anlagen mit Pools (748 Apartments), dem Meer am nächsten liegt Santiago III. Nahebei befinden sich Supermärkte und Cafés.

Essen und Trinken

Von Pub Food in der Irish Bar bis zur mexikanischen Cantina, von der ›Futterkrippe‹ bis zur Pizzeria – jeder Geschmack wird bedient. Fisch mit Meerblick bekommt man in den Lokalen oberhalb der Playa de Las Vistas (Zugang Av. Habana), für Fleischgerichte geht man in die Umgebung des C.C. El Camisón.

Relaxed – **Sama Sama 2** : Av. Habana 11, Tel. 922 79 67 88, tgl. 12–2 Uhr, um 15 €. Einerseits eine Lounge-Bar, in der man frischen O-Saft oder Cocktails auf der Terrasse schlürft, andererseits ein Restaurant mit italienischen Klassikern. Nett eingerichtet mit Pflanzen und Naturfasern.

Nicht nur Tapas – **Sal Negra 2** : Av. Habana 11, Tel. 630 98 64 57, tgl. außer Mi 13–24 Uhr, ab 10 €. An baumelnden Farnwedeln vorbei schaut man aufs Meer und lässt sich appetitlich arrangierte Tapas schmecken. Von Umfang und Preis entsprechen sie allerdings eher einer *media ración* (halbe Portion).

Einkaufen

In *centros comerciales* findet man Boutiquen, Souvenirshops, Schmuck- und Kosmetikläden sowie kleine Supermärkte.

Exklusiv – **Maya 3** : Av. Rafael Puig 1, www.mayamania.com, So geschl. Glas-Marmortempel mit Schmuck, Kosmetika, Sonnenbrillen und Kameras.

Ausgehen

Vom Musical über Chillout bis zur Swinger-Bar – in Las Américas dauert das Nachtleben meist bis 3 Uhr, am

Der Süden und Südwesten

Diese **Beachbars** mit Blick übers Meer machen Lust und Laune: **Beach Club Mare Nostrum** `3` an der Playa del Camisón und **Beach Club Villa Cortés** `4` an der Punta El Guincho. Hier bekommt man nicht nur erfrischend kühle Drinks, sondern auch Snacks und leichte Küche (beide ab 11 Uhr, Preise um 12 €).

Wochenende länger. Clubs und Disko-Pubs mit Musik von Salsa bis Techno findet man vor allem im **Einkaufszentrum San Telmo** an der Playa de las Vistas.

Zum Abtanzen – **Tibú Tenerife** `1`: Av. Rafael Puig (Hotel Las Palmeras), www.tibutenerife.es, Mi–Sa ab 23 Uhr. Der Ableger des exklusiven Tibú Banus aus Marbella lockt auch hier mit orientalisch inspiriertem Interieur und Musik von Latino über Dance & Trance bis Chillout.

Live-Musik – **Jazzissimo** `2`: Av. Rafael Puig 12 (neben Hotel Sol Tenerife), Mo–Sa ab 22 Uhr. Internationaler Jazz von klassisch bis Freestyle und andere Musikrichtungen in coolem Lounge-Ambiente.

Musical & Tanz – **Pirámide de Arona** `3`: Av. de Las Américas s/n, Tel. 922 75 75 49, www.airammusical.com. In der Pyramide des Mare Nostrum Resorts gibt es fulminante, professionell inszenierte Shows (Ballett Carmen Mota) mit Flamenco-Einlagen.

Sport und Aktivitäten

Baden im Meer – Attraktiv sind die **Playa de las Vistas** und die **Playa del Camisón,** einen Tick weniger schön die angrenzenden Strände Playa del Bobo, Las Américas und Troya, aber alle mit Schirmen, Liegen und Duschen.

Baden im Wasserpark – **Siam Park** `1`: TF-1, Salida 28, www.siampark. net, Tel. 902 06 00 00, tgl. 10–17, im Sommer bis 18 Uhr, Eintritt 30/19,50 €; kostenpflichtiger Parkplatz vor Ort. Wasserspaß in allen Facetten: mit Wildfluss und Riesenrutschen, Vulkanröhren und Wellentempel. Bescheiden wirkt dagegen **Aqualand Costa Adeje** `2` mit Rutschen, und Spaßbecken (TF-1, Salida 29, Tel. 922 71 52 66, www. aqualand.es, tgl. 10–17 Uhr, Eintritt 18/ 12 €).

Golf – **Golf Las Américas** `3`: Finca La Madriguera, Autopista del Sur TF-1, Salida 28, Tel. 922 75 20 05, www.golf-tenerife.com. Windgeschützte 18-Loch-Anlage mit Seen, Bächen und Wasserfällen.

Minigolf – **Mini Golf Santiago** `4`: Urb. Parque Santiago V, Tel. 922 74 61 00, www.parquesantiago.com.

Tauchen – **Aqua-Marina Dive Centre** `5`: Lokal 249-A, C.C. Compostela Beach, Tel. 922 79 79 44, www.aqua marinadivingtenerife.com. Kurse für alle, auch Verleih von Ausrüstung.

Wandern – Die **deutschsprachige Kirchengemeinde** bietet geführte Touren zum Selbstkostenpreis an (Tel. 922 72 93 34). Auch **DIGA** (s. u.) hat Wanderungen im Programm; in Eigenregie unternimmt man den Trip zur Höllenschlucht (s. Tipp S. 62).

Zoo – **Jungle Park** `6`: Ctra. Los Cristianos – Arona Km 3 (Salida 72), Tel. 922 72 90 10, www.junglepark.es, tgl. 10–17.30 Uhr, Eintritt 24/16 €. Tropenreservat mit Weißlöwe und Bengaltiger, Affen und Pinguinen. Zweimal tgl. Flugvorführung mit Raubvögeln unter freiem Himmel.

Radfahren – **DIGA Sports, Hotel Park Club Europa** `3`: Av. Rafael Puig Lluvina 23, Tel. 922 79 30 09, www.di ga-sports.de. Radverleih, Verkauf von Zubehör sowie geführte Touren.

Infos und Termine

Oficina de Turismo: Av. Rafael Puig Lluvina 19, Tel. 922 79 76 68, www.arona.travel, Mo–Fr 9–21, Sa–So 9–15 Uhr; weiterer Info-Pavillon an der Playa de las Vistas.

Bus: Der Busbahnhof *(Estación de Guaguas)* befindet sich im Grenzgebiet zur Costa Adeje an der Av. de los Pueblos. Man kommt in alle wichtigen Orte: nach Santa Cruz (110, 111), La Caleta (416), San Juan und Los Gigantes (473), zum Nationalpark Teide (342) oder nach Puerto de la Cruz (343).

Costa Adeje ▶ C7

Der unscheinbare Barranco del Rey markiert die Grenzlinie zur Costa Adeje. Auch hier ist alles vom Reißbrett, errichtet für sonnenhungrige Urlauber. Während zwischen der Doppelbucht Playas de Troya und Playa del Bobo sowie im Umkreis des Jachthafens Puerto de Colón (noch) Billigtourismus dominiert, ändert sich das Bild schlagartig an den **Playas de Fañabé:** Hier hat man lange Strände geschaffen, die flach ins Meer abfallen und durch künstliche Riffs geschützt sind. Dahinter liegen Viertel im Villenstil, durchzogen von Boulevards, an denen sich nie der Verkehr staut und die von üppig begrünten Komforthotels und Apartmenthäusern gesäumt sind.

Übernachten

Feudal – **Iberostar Grand Hotel Anthelia** 6 : Calle Londres 15, Tel. 922 71 33 35, www.iberostar.com, DZ ab 186 €. Jedes der fünf Häuser hat einen eigenen Anstrich: mal klassisch in Naturfarben fürs ruhesuchende Publikum, mal bunt-verspielt für junge Familien – fast alle 391 Zimmer haben Meerblick. Attraktiv ist die 2000 m² große Pool-

Landschaft, die optisch ins Meer überzugehen scheint. Gut relaxen kann man im Thai Zen Spa mit ›toten Meer‹.

Auf der Klippe – **Jardín Tropical** 7 : San Eugenio, Tel. 922 74 60 00, www.jardin-tropical.com, DZ ab 135 €. Maurische Fantasy-Architektur mit Minaretten, allerdings hat nur ein Drittel der 430 meist kleinen Zimmer Atlantikblick. Highlight sind die beiden über dem Meer hängenden ›Seen‹ Las Rocas, die durch einen 90 m langen Pool-Kanal verbunden sind (für Nicht-Hotelgäste gegen Gebühr). Gratis-WLAN.

Essen und Trinken

Schönster Meerblick – **Las Rocas** 5 : Hotel Jardín Tropical, Av. Gran Bretaña s/n (s. o.), tgl. ab 11 Uhr, Kaffee & Kuchen 6 €. Tagsüber ein beliebter Anlaufpunkt mit Blumenterrassen und Meerblick, dazu Kaffee & Kuchen oder leichte Meeresküche.

Sport und Aktivitäten

Baden & Strandspaß – Der Sand an den **Playas de Troya** ist zwar grau, aber fein, Bambusschirme sorgen für willkommenen Schatten. Daran schließt sich bis zum Jachthafen Puerto Colón die 800 m lange **Playa Torviscas** an. Heller sind die benachbarten **Playas de Fañabé.** An allen Stränden kann man Tret- und Paddelboote ausleihen, Parasailing machen sowie Wasserski fahren.

Bootsausflüge – **Puerto Deportivo Puerto Colón** 7 : Edif. Capitanía, Puertp Colón, Tel. 922 71 42 11, www.puertocolon.com. Am Hafen starten Katamaran- und Unterwassertrips, Touren nach Los Gigantes und Masca (s. S. 56 und 71).

Tauchen – **WSC** 8 : Puerto Colón, Tel. 922 71 54 04. Vom Schnuppertauchen bis zu Kursen für Fortgeschrittene, PADI und Open-Water-Zertifikat.

Der Süden und Südwesten

Wanderung durch die Höllenschlucht

Dem Namen zum Trotz ist eine Wanderung durch den Höllencanyon alles andere als ein Hades-Trip. Auf einem befestigten Weg läuft man durch eine Schlucht, die mit jedem Schritt grüner und wilder wird und am Ende mit einem kleinen Wasserfall aufwartet. Vom Zentrum des Gemeindestädtchens Adeje folgt man der Ausschilderung Richtung **Barranco del Infierno.** Am Ende einer steilen Straße, oberhalb des Lokals Otelo, stößt man auf ein Info-Häuschen, an dem der Weg beginnt. Man sollte sich allerdings unbedingt vorher anmelden: Tel. 922 78 28 85, www.barrancodelinfierno.es, tgl. 8.30–17.30 Uhr, Zugang 3 €, Hin- und Rückweg 3 Std. (6,5 km).

Golf – **Golf Costa Adeje** 9: Finca de los Olivos, Tel. 922 71 00 00, www.golfcostaadeje.com. Dieser 27-Loch-Platz im ›Vorfeld zum Meer‹ ist stufenförmig angelegt.

Tennis – **Club Miraverde** 10: Calle El Laurel 6, Fañabé, Tel. 922 71 58 74. Drei Kunstrasen-Tennisplätze.

Wandern – In der Touristeninformation und in den Hotels finden sich Hinweise auf geführte Touren.

Wellness – Alle Vier- und Fünfsterne-

An der Promenade von Bahía del Duque, im Hintergrund Las Américas

Bahía del Duque

Häuser haben Wellness-Center, so z. B. das **Grand Hotel Anthelia** (s. S. 61).

Infos und Termine
Oficina de Turismo: Av. Rafael Puig de Lluvina 1 (Playa de Troya), 38660 Costa Adeje, Tel. 922 75 06 33, www.costa-adeje.es, Mo–Fr 10–17 Uhr. Das Büro befindet sich am Troya-Strand mit einer Filiale am Strand Fañabé.
Bus: s. S. 61.

Bahía del Duque ▶ C 7

Ein vorspringendes Kap, auf dem die ›Burg‹ des katalanischen Seifenfabrikanten Puig thront, markiert den Übergang zur Bahía del Duque – zusammen mit dem angrenzenden La Caleta

(direkt 6 | ▶ S. 65) der gelungenste Ort im Süden Teneriffas. Sein heller Strand mit Bambusschirmen und blau-weißen Pavillons strahlt Lido-Atmosphäre aus, wozu die Kulisse der schlossartigen Grand Hotels bestens passt. An der Nordseite der Bucht steigt man zum **Centro Comercial El Mirador** hinauf, aufwendig gestaltet im Stil eines kanarischen Bilderbuchdorfs. Folgt man der Promenade einige Hundert Meter weiter, kommt man in den Einflussbereich des Fischerdorfs La Caleta.

Übernachten
Traumschloss – **Grand Hotel El Mirador:** Av. Bruselas s/n, Tel. 922 71 68 68, www.elmiradorgranhotel.com, DZ ab 182 €. Das Fünfsterne-Haus thront auf einer Klippe über dem Lido. Wohin man schaut, sieht man Schönes: Wasserspiele, Säulenkolonnaden und effektvoll platzierte Pflanzen. Über Freitreppen steigt man die terrassenförmig angelegte Pool-Landschaft bis zum Strand hinab. Die 120 in Cremetönen gehaltenen Zimmer haben alle Extras – vom Himmelbett bis zur Meerblickterrasse. Das i-Tüpfelchen ist aber die frische Gourmetküche. Mit großem Spa, Gratis-Internet im Salon (Bild s. S. 14).

Essen und Trinken
Hoch über dem Strand – **Mirador:** Tel. 922 71 81 21, www.el-mirador.es, tgl. ab 10 Uhr. In einem fiktional-feudalen ›Dorf‹ oberhalb des Strands findet man gute, aber hochpreisige Lokale. Wer das Ambiente genießen, aber nicht viel ausgeben will, bestellt Kaffee & Kuchen (ab 6 €). Gleiches gilt für die allesamt attraktiven Lokale an der Promenade.

Einkaufen
In erster und zweiter Strandlinie gibt es Einkaufszentren mit Edelboutiquen.

Der Süden und Südwesten

Markt – **Mercadillo:** Sa und Do 9–14 Uhr. Kleiner Kunsthandwerksmarkt gegenüber der Plaza del Duque.

Ausgehen
Das Nachtleben ist beschaulich: Man sitzt in den Promenadenlokalen bei einem Glas Wein und genießt das Rauschen des Meeres, vereinzelt auch Livemusik.

Sport und Aktivitäten
Die **Playa del Duque** ist hellsandig und so flach, dass selbst Kleinkinder gefahrlos plantschen können.

Infos und Termine
Oficina de Turismo: C.C. Plaza del Duque (Untergeschoss), Tel. 922 71 63 77, www.costa-adeje.es, Mo–Fr 10–17 Uhr.

San Juan und Alcalá ► B 6

Nimmt man – von Süden kommend – die erste Einfahrt nach San Juan, kommt man zum schönsten Teil des Orts: Im Schutz einer Mole liegt der Fischerhafen, an dem eine rustikale Promenade startet. Sie führt längs eines palmengesäumten Sandstrands zu einem ehemaligen Kalkofen und auf eine Klippe hinauf. Hinter der Playa San Juan liegen zwei wilde Steinbuchten mit *bufaderos,* Felsöffnungen, durch die die Brandung ihre ›Ohrfeigen‹ verteilt. Im Hintergrund erkennt man die Zitadelle des Abama-Resorts. Und auch im benachbarten Alcalá hat der Tourismus Einzug erhalten: Am Nordende der Bucht öffnete ein Nobelresort, eine Promenade führt vom künstlich angelegten Strand ins Ortszentrum.

Übernachten
Ritz grüßt – **Abama:** TF-47, Km 9, Tel. 922 12 60 00, www.abamahotelresort.com, DZ ab 299 €. Fünfsterne-Resort mit 300 Zimmern, großem Spa, Tennisclub und Golfplatz. Toll ist die Bergbahn zum Strand.
Extravagant – **Palacio de Isora:** Urb. La Jaquita, Tel. 922 86 90 00, www.solmelia.com, DZ ab 184 €. Die Umgebung ist nicht luxuriös, doch postmoderne Architektur mit viel Weiß sorgt für ein chilliges Ambiente. 591 Zimmer, Spa und Pool-Landschaft.
Für Traveller – **La Querencia de Domingo:** Calle Marruecos 2, Tel. 922 86 54 57, www.pensionalcala.com, DZ ab 33 €. 12 einfache Zimmer über dem gleichnamigen Lokal, 100 m entfernt gibt es elf funktionale Apartments.

Essen und Trinken
Frischer Fisch – **Taberna del Puerto:** Calle Artes del Mar 2, San Juan, Tel. 922 86 65 26, tgl. 8–23 Uhr, um 16 €. Aufgrund der großen Terrasse ist die ›Hafentaverne‹ stets gut besucht.

Sport und Aktivitäten
Baden – Noch schöner als an der Playa San Juan badet man an der feinsandigen, hellen **Playa de Abama:** vom Hotelparkplatz in 15 Gehminuten bergab erreichbar.
Golf – **Abama Golf:** Tel. 922 12 60 00, www.abamahotelresort.com. Von jedem der 27 Löcher aus hat man Meerblick. Mit Clubhaus, Übungsplatz und Golfschule.
Reiten – **Centro Hípico Alcalá:** s. S. 25.

Puerto de Santiago/ Los Gigantes ► B 5

In Teneriffas angeblich sonnensicherster Ecke sind mehrere Orte   ▷ S. 68

6 | Fangfrischer Papageienfisch – traditionelle Fischerei in La Caleta

Karte: ▶ C 7

Es gibt nur wenige Orte an der Südküste, in denen man im Ambiente eines Fischerdorfs Frisches aus dem Meer bekommt. In La Caleta fahren noch Männer zur See, und was sie mitbringen, kann sich sehen lassen: Papageienfisch, Kanarengarnelen und Zackenbarsch sind allesamt einheimische Arten.

Vom Fischer- zum Ferienort

Es ist noch nicht lange her, da feierten Fischer und Freaks in einigen wenigen Strandkneipen bis in die laue Nacht hinein. Nicht einmal in ihren kühnsten (Alp-)Träumen hätten sie sich vorstellen können, dass auch sie einmal vom Tourismus eingeholt würden. Doch inzwischen sind ihre improvisierten Bars verschwunden, da sie »die Ästhetik störten«. Die jahrhundertealte Kapelle Ermita de San Sebastián dagegen durfte bleiben – sie dient als pittoreskes Accessoire eines Luxusresorts. Vier- und Fünfsterne-Häuser säumen nun die einst wilde Playa de la Enramada; hinter ihnen wurden die Rasenteppiche des 27-Loch-Golfplatzes Costa Adeje ausgerollt. Gewiss wird es nicht mehr lange dauern, bis auch die naturbelassene Strandlava durch weißen Sand ersetzt wird, damit die Hotelgäste eine passable Playa vor der Haustür haben …

Pesca artesanal

Doch wo sich La Caletas felsiges, von der Brandung geschliffenes Kap ins Meer schiebt, ist die touristische Welt abrupt zu Ende. Hier werfen Männer ihre Angel in die Fluten oder betreiben *marisqueo:* Mit Haken stochern sie am Riff nach Tintenfischen und kratzen mit Messern Napfschnecken vom Fels. Wenn sie hinausfahren, dann nur mit kleinen Booten, hoffend, dass sich genügend Beute in ihren Reusen findet. Meist gehen ihnen *sardinas, caballas*

Der Süden und Südwesten

In La Caleta dreht sich alles um Fisch

und *chicharros* ins Netz; letzteren verdanken die Tinerfeños ihren Spitznamen (s. S. 11). Weiter draußen fangen sie auch Muränen *(morenas)*, Meerbarsche *(meros)* und knallrote Papageienfische *(viejas)*, deren weißes Fleisch wie Butter auf der Zunge zergeht. Von Mai bis Oktober, wenn sich Schwärme des tropischen Thun *(bonito)* im nährstoffreichen Kanarenstrom treiben lassen, stapeln sich die glänzenden, silberblauen Leiber auf dem Boot. *Pesca artesanal* (handwerkliche Küstenfischerei) heißt das, was in La Caleta betrieben wird, im Gegensatz zur *pesca industrial* der großen Trawler, die in den Fischgründen der Sahara-Bank auf Fang gehen. Wochenlang sind die Trawler unterwegs und holen v. a. Tintenfisch und Tiefseegarnelen. Doch weil mittlerweile auch das Meer vor Westafrika überfischt ist, geht man auf den Kanaren verstärkt zu Aquakultur über: Ein Meeresbereich wird eingezäunt, alsdann werden im natürlichen Becken Fische gezüchtet und genährt. Allerdings sind derartige Eingriffe in die Natur nicht ohne Risiko: Zuletzt geschah es, dass bei aufgrund starken Sturms hohen Wellen 100 000 Exemplare des räuberischen Wolfsbarschs in die freie Wildbahn gespült wurden, wo sie großen Schaden anrichteten.

> **Übrigens:** Um den 20. Januar reibt man sich in der Umgebung von La Caleta die Augen: Alle Bewohner des Inselsüdens, die noch ein Pferd, ein Rind, eine Ziege oder ein Schaf im Stall haben, treiben das Tier zur Playa de la Enramada, damit es in den Fluten des Atlantiks gesäubert werde. Hunderte von Tieren tummeln sich im Wasser und scheinen das Bad zu genießen. Derart vom Schmutz des Alltags befreit, traben sie danach zur Ermita de San Sebastián, wo sie im Namen ihres Schutzpatrons vom Pfarrer gesegnet werden. Hinterher steigt eine Fiesta mit viel Essen, Tanz und Gesang. Auch Mitte April kommen aus dem Hinterland, genauer: aus Adeje, Tausende von Pilger, um an der Kapelle zu feiern – diesmal aber lassen sie ihre Tiere zuhause.

Fisch vom Blech

Zwar sind auch die Fischlokale von La Caleta mit der Zeit gegangen, doch noch immer sind sie ein wenig anders

6 | Traditionelle Fischerei in La Caleta

als die Restaurants in den Resorts: Die Familie steht in der Küche und hinter dem Tresen; der Fischer, der die Ware bringt, ist ein Freund oder Verwandter. Man orientiert sich nicht an kulinarischen Moden, sondern bereitet den Fisch so zu, wie es schon die Großmutter tat. Meist kommt er *a la plancha* (vom Blech) auf den Tisch, d. h. mit wenig Fett auf einer heißen Metallplatte gegart. Beliebt ist auch *pescado a la espalda*, längs aufgeschnitten und ›auf dem Rücken‹ von beiden Seiten gebraten, wobei in der Mitte des Fisches gern Kräuter und Zitronenscheiben stecken dürfen.

Den besten Meerblick bieten die Lokale auf dem Kap ganz am Ende des Orts: Im **La Masía del Mar y Piscis** 1 sind Vito und Josefina seit über 40 Jahren im Geschäft. Wählt man den ersten, d. h. oberen Eingang, kommt man durch ihren Privatgarten ins Obergeschoss, wo man – mit Aquarien im Rücken und der Brandung im Blick – entspannt sitzen kann. Will man sehen und gesehen werden, nimmt auf der unteren Terrasse Platz. Egal ob oben oder unten: Die im Kupferkessel servierte Fischsuppe *(sopa de pescado)* schmeckt ebenso vorzüglich wie *paella* und *cazuela*. Noch ein Stück weiter trotzt **La Caleta** 2 den Wellen. Mehr als 40 verschiedene Tapas, von Maruca und Nena gekonnt zubereitet, werden in der Vitrine ausgestellt. Fragen Sie auch nach dem Tagesgericht! Wer es edel mag, geht ins maritim gestylte **Vieja** 3, wo der Fisch nicht besser schmeckt, aber fast doppelt so teuer ist.

Nach dem Essen

Nun ist man satt und hat Lust auf eine kleine Siesta. Gut kann man das Handtuch an der Mini-Sandbucht **Playa de la Caleta** 1 ausrollen. Man kann aber auch südwärts zur **Playa de la Enramada** 2 gehen, dem ›naturbelassenen‹, wenig besuchten Kiessandstrand auf dem Weg zur Bahía del Duque. Wer es ganz wild und einsam mag, spaziert über einen in Fels geschlagenen Küstenweg nordwärts zur angrenzenden Bucht **Punta de las Gaviotas** 3: Auf sonnenerwärmten, von der Brandung glatt geschliffenen Felsplatten kann man sich hier genüsslich niederlegen und vollständig vergessen, wie nah die Welt der Tourismusindustrie ist.

Essen und Trinken
La Masía del Mar y Piscis: Calle El Muelle 3, Tel. 922 71 08 95, www.calamarin.com, tgl. ab 12 Uhr, um 20 €.

La Caleta: Calle El Muelle 19, Tel. 922 78 06 75, www.fondacentral.es, tgl. ab 11 Uhr, tgl. 8–23 Uhr, um 18 €
Vieja: Av. de las Gaviotas, Tel. 922 71 15 48, tgl. ab 13 Uhr, um 25 €

67

Der Süden und Südwesten

fast zusammengewachsen. Die kleine **Playa de la Arena** ist ein schöner Badestrand, weshalb sie schon früh mit Apartmenthäusern umbaut wurde. Das einstige Fischerdorf **Puerto de Santiago** überzieht ein Felskap: Südlich liegt der Fischerhafen, nördlich das sich zum Meer öffnende Naturschwimmbecken Lago Santiago. Das alles könnte schön sein, stünden nicht in allen Seitenstraßen dicht gedrängt Apartmenthäuser.

Der Barranco de Santiago trennt Puerto de Santiago vom Retortenort **Los Gigantes**. Benannt ist dieser nach den spektakulären Felsklippen, die knapp nördlich bis zu 500 m aus dem Meer ragen. Flach ist das Gelände nur am Jachthafen, wo das Poblado Marinero, das ›Seemannseck‹, mit seinen Terrassencafés etwas Atmosphäre eines Fischerdorfs aufkommen lässt. Oberhalb des Hafens liegt der schattige, von Restaurants gesäumte Kirchplatz. Dahinter führen dicht bebaute Straßen den steilen Hang empor. Noch weiter aufwärts windet sich eine Serpentinenstraße durch terrassierte Tomaten- und Bananenplantagen ins Teno-Gebirge.

Übernachten

Komfortabel – **Oasis Playa La Arena:** Calle Lajial 4 (Playa de la Arena), Tel. 902 43 33 66, www.hotelesoasis.com, DZ ab 70 €. Das Viersterne-Hotel ist vom Strand durch die Straße getrennt. Durch die eindrucksvolle Marmorlobby kommt man in den Pool-Garten mit Wasserspielen. Die 430 schalldichten Zimmer haben Balkon mit Meerblick.

Essen und Trinken

50 Jahre am Strand – **Casa Pancho:** Playa de la Arena s/n, Tel. 922 86 13 23, Di–So 13–16, 19.30–23 Uhr, um 20 €. Eine Terrasse am Meer mit schattigen Bäumen – so viel Platz gönnte man sich nur in der Pionierzeit des Tourismus. Gehobene kanarische Küche aus marktfrischen Zutaten servieren mittlerweile in zweiter Generation Francisco und seine Frau Teresa.

Sport und Aktivitäten

Baden – An der schwarzsandigen **Playa de la Arena** sollte man aufgrund starker Unterströmung nicht all-

Puerto de Santiago/Los Gigantes

zu weit hinaus schwimmen! Wird es dort zu voll, weicht man südwärts in die Lavabucht **Punta Negra** aus. Weiter nördlich entstand die Pool-Landschaft **Lago Santiago**. In Los Gigantes badet man (gegen Gebühr) im Meerwasser-Pool **El Laguillo**; die Playa de los Guíos bleibt, nachdem Steinschlag Todesopfer gefordert hat, vorerst gesperrt.

Schiffsausflüge – Vom Jachthafen in Los Gigantes starten Boote nach **Masca** (s. S. 71) oder zum **Waltrip** s. S. 56).

Infos und Termine
Oficina de Turismo: Av. Marítima 36, 38683 Playa de la Arena/Puerto Santiago, Tel. 922 86 03 48, Mo–Fr 8–14.30 Uhr.

Bus: Alle 30 Min. kommt man nach Las Galletas (473), stdl. via San Juan nach Guía de Isora (493), 3–4 x tgl. nach Puerto de la Cruz (325).

Gigantische Klippen und schwarzer Lavastrand in Los Gigantes

Der Nordwesten

Santiago del Teide ▶ B 4

Der Gemeindeort in 1200 m Höhe ist das Tor zum Teno-Gebirge. Aus allen Himmelsrichtungen münden Straßen ein, sodass hier viele Besucher durchrauschen. Das soll sich ändern, Santiago will auf sich aufmerksam machen. 2010 wurde in einem restaurierten Gehöft (17. Jh.) das **Besucherzentrum Señorío del Valle** eröffnet, das über alles informiert, was für den Ort wichtig ist: Käseproduktion, Weinanbau und der Ausbruch des Chineyro 1909. Im Hotel kann man komfortabel nächtigen, im Lokal regionale Spezialitäten kosten oder sie im Laden gleich kaufen (Av. de la Iglesia 72, Tel. 922 10 49 13, www.senoriodelvalle.com).

Teno-Gebirge ▶ A/B 4

Die TF-436 verbindet Masca mit Buenavista del Norte und führt durch eine Landschaft von wilder Schönheit (direkt 7 ▌ S. 71). Es gibt zwei Aussichtspunkte: Der **Mirador Cruz de Hilda** (mit Aussichtscafé) eröffnet einen Blick ins Obertal von Masca, vom **Mirador de Baracán** genießt man einen letzten Rückblick aufs zerrissene Gebirge, während sich nach Norden Almen ausbreiten. Im Hochtal von El Palmar ist alles Schroffe abgetragen. Weit und grün ist die Landschaft, durchsetzt von Vulkanen. Unterhalb des Dorfs zweigt eine Stichstraße links ab nach Teno Alto, wo sich Ziege und Zaunkönig noch ›Gute Nacht‹ sagen.

Übernachten
Für Wanderer – **Albergue Bolico:** La Portela Alta, Tel. 922 12 73 34, www.alberguebolico.com, 17 € p. P. Herberge mit drei Schlafsälen à 10, 12 und 14 Betten. Bettwäsche und Decken werden gestellt, es gibt Küche und Bikeverleih. Anfahrt: von Las Portelas (TF-436, Km 9,7) dem ausgeschilderten Abzweig 1 km folgen.

Essen und Trinken
Am Wochenende voll – **Mesón del Norte:** TF-436 (Las Portelas), Tel. 922 12 80 49, tgl. außer Mo ab 12 Uhr, um 20 €. In diesem Ausflugslokal wird Fleisch vom Grill und Ziegenkäse aus Teno Alto serviert.

Buenavista del Norte ▶ B 3

Herz des verschlafenen Gemeindeorts ist die Plaza de los Remedios mit einer Kirche von 1513, Bibliothek und Café-Pavillon. Spannenderes ist 2 km westlich zu entdecken: An der Klippenküste wurde eine 2,5 km lange Meerespromenade angelegt, die vom Restaurant Burgado an Buchten vorbei westwärts führt *(Camino El Rincón)*. Im Hintergrund breiten sich die Rasenteppiche von Teneriffas schönstem Golfplatz aus. ▷ S. 74

7 | Dramatik pur zwischen Felsen – Wandern in der Masca-Schlucht

Karte: ▶ A/B 4

Teneriffas wildeste Schlucht: Die Felswände sind bis 800 m hoch und schießen so eng zusammen, dass man das Gefühl hat, durch einen steinernen Riesentunnel zu stolpern. Am Ziel wartet ein kleiner Strand, von dem es – vorbei an hohen Klippen – per Boot in die Zivilisation zurückgeht.

Das Bergdorf Masca wurde erst 1996 durch eine Straße an die Außenwelt angeschlossen. Bis zu jenem Jahr mussten die Bewohner den langen Weg nach Santiago del Teide zu Fuß oder auf Eselsrücken bewältigen. Auch dort gab es nicht viel ... aber immerhin einen Arzt. Masca besteht aus mehreren Gruppen verstreut liegender Häuser. Kommt man von Santiago, passiert man nacheinander fünf Ortsteile: erst Lomo de Masca, dann das Zentrum Lomo del Medio mit Kirche und mehreren Lokalen; es folgen La Piedra, El Turrón und La Bica.

Idyllischer Wegbeginn

Trotz des touristischen Ansturms bleibt es ein Erlebnis, über die kopfsteingepflasterten Wege zu spazieren. Das Abenteuer beginnt an der **Bushaltestelle in Lomo del Medio**, dem Ortskern von Masca an der TF-436. Man fühlt sich wie in einer gigantischen Arena: Unter Felsriesen ducken sich winzig klein die Häuser, die allesamt aus losen Steinen errichtet sind. Und auch die handtuchschmalen Felder, durch Terrassierung den Steilflanken abgerungen, sind durch Steinmauern abgestützt. Der

Der Nordwesten

In der Bar Fidel kann man sich vor dem Start der Wanderung stärken

Landschaft hat diese Sisyphusarbeit gut getan: Häuser und Felder passen sich perfekt an die Umgebung an.

Auf einem gepflasterten Weg steigt man hinab und passiert den Kirchplatz, dann ein Lokal und blumenumrankte, romantische Gehöfte von anno dazumal. Von Palmen gesäumt, führt der Weg auf einen vom Felsturm Roque Catano überragten Bergrücken zu. 30 m vor der **Bar Fidel** 2 verlässt man den Hauptweg nach links an einem von zwei Holzpfählen bezeichneten Durchlass (Tafel *sendero comarcal* I) und steigt steil auf teilweise gerölligem Terrain in die Schlucht *(barranco)* hinab.

Übrigens: Am Wegesrand wachsen botanische Raritäten. In der von der Außenwelt lange völlig abgeschnittenen Schlucht bildeten sich Planzen heraus, die es nur hier und nirgends sonst auf der Welt gibt, so das Dickblattgewächs *Aeonium mascarense*.

Nach 15 Min. wird das Bett auf einer Mini-Holzbrücke nach links gequert; in der Folge wird man mehrfach von einer Seite auf die andere geleitet. Verlaufen kann man sich kaum – man folgt den gemalten Markierungen und den ab und zu aufgetürmten Steinmännchen. Am Oberlauf gibt es noch Mandel- und Feigenbäume. Wo sich Wasser angesammelt hat, wächst Schilf, aus dem die Dorfbewohner einst Körbe flochten. Hin und wieder passiert man Ackerbauterrassen, die sich die Natur allmählich zurückerobert.

Im Felslabyrinth

Nach gut 30 Min. ändert sich das Bild. Alles, was lieblich war, tritt zurück und macht einem Felscanyon Platz. Über glattes Gestein steigt man hinab, immer enger schießen die dunklen Schluchtwände zusammen. An den steilsten Stellen erheben sich Felsen von bis zu 800 m Höhe, die auch mittags nur für gedämpftes Licht sorgen. Nach jeder Windung des Barrancos er-

7 | Wandern in der Masca-Schlucht

öffnen sich neue, zu Fels gewordene Bilder – geschaffen von Regenwasser in Tausenden von Jahren. Kurz nach dem Passieren eines Eisentors muss man rechterhand einen gewaltigen Felsen umgehen. Danach geht es im Zickzack von einer Barranco-Seite zur nächsten, bevor erneut ein Steinbrocken den Weg versperrt – hier geht es linkerhand über eine schiefe Ebene hinab.

Das Finale
Nach dem Durchschreiten eines Felstors ändert sich die Szenerie wieder: Die Felswände driften auseinander und man vernimmt das Rauschen des Meeres. Wellen rollen an die wilde **Playa de Masca,** die den größten Teil des Jahres mit Steinen übersät ist – dunkler Sand wird meist nur ganz links in der Barranco-Mündung angeschwemmt. Dort kann man bei Ebbe leichter in die Fluten steigen, aufgrund starker Unterströmung ist allerdings Vorsicht geboten. Rechts in der Bucht befindet sich eine Anlegestelle, an der mehrmals täglich Boote anlegen, um Wanderer nach Los Gigantes zu bringen.

Tourinfos
Länge/Dauer: 5 km/3.30 Std. (eine Richtung)
Schwierigkeitsgrad: Aufgrund des Höhenunterschieds von rund 650 Metern eine anstrengende Tour über geröllige Wege – nur geübten, trittsicheren Wanderern zu empfehlen.
Zu beachten: Da es unterwegs nichts zu essen gibt, sollte man Wasser und Verpflegung dabei haben, auch Sonnenschutz und festes Schuhwerk. Die Tour sollte nur bei stabilem Schönwetter begangen werden. Bei Regen, wenn sich der enge Barranco mit Wasser füllt, ist der Weg lebensgefährlich, in den Tagen danach ist Steinschlag möglich.

Wie kommt man hin und zurück?
›Masca auf eigene Faust‹ erfordert Planung: Ab Las Américas fährt man mit Bus 460 um 7.30 Uhr nach Santiago de Teide und hat dort 1 Std. Aufenthalt, bevor es um 10.30 mit Bus 355 nach Masca weitergeht. Dort trifft man gegen 12 Uhr ein. Nach der Wanderung zum Strand von Masca steigt man ins bestellte Boot, von wo man nach Los Gigantes gebracht wird. Den Bootstrip (ca. 10 € p. P.) kann man in Reisebüros oder direkt beim Veranstalter reservie-ren (z. B. **Flipper Uno:** Tel. 922 86 21 20, www.flipperuno.com). Mit Bus 473 oder 477 geht es von Los Gigantes nach Las Américas zurück. Masca ist außerdem 4x tgl. ab Buenavista erreichbar (Linie 355). Alternative: Man nimmt spätestens von Los Gigantes ein Taxi nach Masca – oder bucht die Tour pauschal über Reisebüros .

Wo übernachten?
Übernachten im Barranco oder am Strand ist untersagt. Señora Nieves und ihr Sohn Pedro vermieten drei kleine, am Hang gelegene Häuser mit Ausblick: **Casa Rural Morro Catana,** Calle El Lomito s/n, Tel./Fax 922 35 31 97, 2 Pers. 60 €.

Essen und Trinken
In allen Lokalen hat man grandiosen Schluchtenblick. Bei **La Fuente** **1** schmecken Ziegenkäse und -fleisch, Mandeltorte und Käsekuchen, auch der frisch gepresste Saft aus Kaktusfeigen (Tel. 922 86 34 66, um 15 €). In der **Bar Fidel** **2** , die auf einem schmalen Grat thront, verspeist man auf offener bzw. verglaster Terrasse Tapas und Tellergerichte (Tel. 922 86 34 57, um 10 €).

Der Nordwesten

Der Leuchtturm an der Punta de Teno

Übernachten
Für Golfer – **Buenavista Vincci Golf & Spa:** Tel. 922 06 17 00, www.vinccihotels.com, DZ ab 110 €. Einem kanarischen Adelspalast nachempfundenes Fünfsterne-Hotel; nur die Deluxe-Zimmer bieten Meerblick, Spa gegen Gebühr.

Essen und Trinken
Brandungsumtost – **El Burgado:** Playa de las Arenas, Tel. 922 12 78 31, tgl. ab 12 Uhr, um 15 €. In Fels gebautes Rundlokal am Meer. Señor Paco serviert Fisch in allen Varianten, Napfschnecken und andere Meeresfrüchte. Man sitzt unter weit gespannten Fischernetzen und genießt einen spektakulären Meeresblick.

Einkaufen
Für Süßschnabel – **El Aderno:** Calle La Alhóndiga 8, www.eladerno.com. Die Konditorei nahe dem Kirchplatz bietet Mojito-Pralinen, Likör-Torten und Gofio-Trüffel.

Sport und Aktivitäten
Golf – **Buenavista Golf:** Tel. 922 12 90 34, www.buenavistagolf.es. Anspruchsvolle 18-Loch-Anlage, toller Teide-Blick! Mit Clubhaus, Restaurant und Golfshop.

Los Silos ▶ B 3/4

Mittelpunkt des Gemeindeorts ist die schattige Plaza mit Café-Pavillon. Die

Los Silos

Punta de Teno

Die ins Teno-Massiv geschlagene TF-445 führt ans Ende der Inselwelt. Nach 5 km genießt man am **Mirador Don Pompeyo** einen tollen Blick, nach weiteren 7 km und zwei Tunneln endet die Straße am Leuchtturm **Punta de Teno:** Im Süden sieht man die 500 m hohen Klippen Los Gigantes, im Nordosten die Nachbarinsel La Palma. Nahebei gibt es einen Ankerplatz und kleine Buchten, wo man ins Meer steigen kann. Wegen Steinschlags sollte man nach Sturm und Regen auf die Fahrt zur Punta verzichten!

neugotische Kirche ist wie eine Hochzeitstorte aus weißem Zuckerguss verziert, ein Kloster aus dem 17. Jh. birgt Kulturzentrum, Bibliothek und Besucherzentrum. Folgt man der Straße 2 km zur Playa Sibora, kommt man zur wilden Küste, die durch ein paar hohe Apartmenthäuser leicht verschandelt ist. Doch die Verschönerung hat begonnen: Hinter einem denkmalgeschützten Kalkofen ist das Skelett eines Wals aufgebockt, von dem Stufen zu Fels-Pools hinabführen. Wer Lust auf einen Spaziergang hat, läuft vom Wal längs der Küste in 40 Min. zu einem Leuchtturm.

Übernachten
Für Aktivurlauber – **Luz del Mar:** Av. Sibora 10, Tel. 922 84 16 23, www.luz delmar.de, 49 Ap.; DZ ab 114 €. Für Aktivurlauber gibt es auf der Insel wohl keine bessere Adresse. Man kann an geführten Wanderungen teilnehmen, auch Kajak-Ausflüge, Höhlen- und Paragliding-Trips sind im Angebot. Der Pool hat Meeresblick, im Spa warten Sauna und Jacuzzi. In den von kanarischer Architektur inspirierten 49 Apartments fühlt man sich auch bei schlechtem Wetter wohl, hat eine gut ausgestattete Kitchenette, WLAN und Sat-TV.

Essen & Trinken
Viel Bio – **Luz del Mar:** Av. Sibora 10, Tel. 922 84 16 23, 12–22 Uhr. Modern-

elegantes Hotelrestaurant auf dem Weg zur Küste, in dem vieles von der Bio-Finca des Besitzers stammt. Schonende Zubereitung und Fantasie sorgen für ein gelungenes Mahl, v. a., wenn das Degustationsmenü serviert wird (20 €).

Einkaufen
Markt – **Mercadillo del agricultor:** So 9–14 Uhr. Bauern verkaufen Obst und Gemüse, Ziegenkäse, Eingelegtes, Süßes und Wein.

Sport und Aktivitäten
Baden – An der Küste öffnet **La Piscina**, ein etwas steriler Meerwasser-Pool; bei ruhiger See plantscht man in den benachbarten Felsbecken. Wenig bekannt ist der Kiesstrand im östlichen Vorort **Caleta de Interián**, dessen Promenade in einen Küstenpfad übergeht.
Wandern – Im Infozentrum erhält man Hinweise zur markierten Runde durch Lorbeerwaldschluchten nach **Erjos** (hin und zurück 5 Std.).

Infos und Termine
Centro de Información: Plaza de la Luz 10, Tel. 922 84 10 86, Mo–Fr 9–13, Sa 9–14 Uhr. Wander-Infomaterial.
Fiesta de San Antonio Abad: Ende Jan. Großer Viehmarkt zu Ehren des hl. Antonius – viele kommen hoch zu Ross.

Garachico

Sehenswert
1. Plaza de la Libertad
2. Convento de San Francisco
3. Palacio de los Condes de La Gomera
4. Iglesia de Santa Ana
5. Plaza de Juan González de la Torre
6. Parque Municipal

Übernachten
1. La Quinta Roja
2. Gara
3. El Patio/Malpaís Trece

Essen und Trinken
1. Kiosco
2. Casa Gaspar
3. La Perla
4. El Caletón

Sport und Aktivitäten
1. Piscinas Naturales
2. Piscina Municipal

Garachico ▶ C 3

Der kleine Küstenort hat sich kanarisches Flair bewahrt. Da er keinen Strand hat, blieb ihm der ›Aufstieg‹ zum Ferienzentrum erspart. Die Durchgangsstraße führt längs der Küste an den Felspools von El Caletón und dem kleinen Castillo (1588) vorbei. Landeinwärts zweigen kopfsteingepflasterte Gassen ab, an denen sich Klöster und historische Häuser aneinanderreihen – sie laden ein zu einer romantischen Zeitreise (**direkt 8** ▶ S. 78). Derweil entsteht am östlichen Ortsausgang ein Hafen, der außer Jachten auch eine Fähre zur Nachbarinsel La Palma aufnehmen soll. Wird es dann mit der Ruhe vorbei sein?

Übernachten

Garachico hat gute Unterkünfte vom Luxushotel bis zur Pension, im Ortskern sowie im 3 km entfernten Vorort El Guincho.

Romantisch am Platz – **La Quinta Roja** 1: Glorieta San Francisco s/n, Tel.

922 13 33 77, www.quintaroja.com, DZ ab 109 €. Im ›roten Haus‹, dem ehemaligen Palast eines Grafen, gruppieren sich 20 Zimmer um einen Brunnen-Hof. Zu empfehlen sind v. a. die Juniorsuiten mit Veranda bzw. Terrasse (Nr. 204–210). Das Frühstück wird im Garten serviert, auf dem Dach entspannt man in Whirlpool und diversen Saunen.

Im Herrenhaus – **Gara** 2: Calle Esteban del Ponte 7, Tel. 922 13 34 80, www.garahotel.com, DZ ab 84 €. Hier fühlt man sich wohl, denn Sonja Lobenstein, die deutschsprachige Besitzerin, kümmert sich persönlich um jeden Gast. Das Hotelleben dreht sich um den Innenhof: Er ist von Holzgalerien gesäumt und die Terrasse so gestaltet, dass man meint, zum Meer hin verschmelze das Haus mit Garachicos Festung, zum Land hin mit der Kirche. Die 16 Zimmer sind modern-rustikal (Sat-TV, Safe, Gratis-WLAN, Kühlschrank), am schönsten sind Nr. 13–16 mit alten Kieferndielen und offenem Dachstuhl. Das Büfett-Frühstück wird im Patio eingenommen, außerdem gibt es ein Spa mit Sauna und Jacuzzi.

... in El Guincho

500-jähriges Anwesen – **El Patio** 3: Finca Malpaís, El Guincho, Tel. 922 13 32 80, www.hotelpatio.com, DZ ab 66 €. Inmitten eines großen Gartens mit Palmen und Drachenbäumen liegt das historische Haus mit gemütlichen Zimmern und Salons, einem Gartenpool, Sauna und Tennisplatz.

Zwischen Bananen – **Malpaís Trece** 3: Calle Malpaís 13, El Guincho, Tel. 922 83 00 64, www.malpaistrece.es, DZ ab 60 €. Im Vorort El Guincho stehen zwischen Bananenplantagen und Meer drei villenartige Häuser mit 10 Zimmern, Aufenthaltsräumen und Terrassen mit Meerblick. Ein Mietauto ist empfehlenswert.

Essen und Trinken

Kiosco 1 und **La Quinta Roja** 1, s. S. 79.

Mediterran inspiriert – **Casa Gaspar** 2: Calle Esteban de Ponte 44, Tel. 922 83 00 40, Di–Sa 13–17, 19–23, So 13–17 Uhr, um 20 €. Señor Gaspar und Antonia servieren in ihrem kleinen Lokal gefüllte Mini-Calamares *(chipirones rellenos)*, Tintenfisch in dünnen Scheiben *(pulpo a la gallega)* und frischen Tagesfisch.

Sympathischer Wirt – **La Perla** 3: Calle XVII de Julio 8, Tel. 922 13 33 02, tgl. außer Mi ab 12 Uhr, um 14 €. Fernseher und Neonlicht verströmen Kantinen-Charme, doch das Essen schmeckt: Schinken-Käse-Platten und Schweinefilet in fünf Varianten, empfohlen vom stets gut gelaunten Señor Jesús; nach Vorbestellung bereitet seine aus Peru stammende Frau Marisa Anden-Spezialitäten zu.

Für einen Snack – **El Caletón** 4: Av. Tomé Cano s/n, Tel. 922 13 33 01, tgl. 11–18 Uhr, um 14 €. Toll ist der Blick auf die brandungsumtoste Küste, selten sitzt man dichter dran an den Wellen. Das Fastfood-Essen enttäuscht jedoch und ist überteuert.

Sport und Aktivitäten

Baden – Erfrischen kann man sich, sofern die Brandung es zulässt, in den **Piscinas Naturales** 1, den Felspools von El Caletón. Alternativ gibt es die **Piscina Municipal** 2, ein großes Freibad mit Meerblick (für alle Hotelgäste des Orts inklusive).

Wandern – In der Touristeninformation erfährt man, wo es sich gut wandern lässt. Ein markierter Weg startet im Ortszentrum neben der Puerta de la Tierra (Tafel): Der gelbe Wanderweg PR-TF 43 führt in vielen Kehren 3 km nach **San Juan del Reparo** hinauf. Konditionsbolzen können von ▷ S. 80

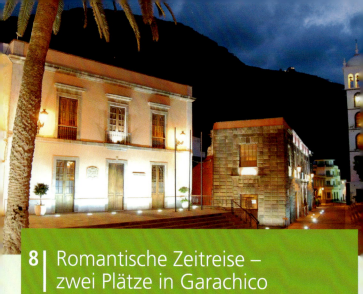

8 | Romantische Zeitreise – zwei Plätze in Garachico

Cityplan: S. 76

In Garachico scheint die Zeit im 18. Jh. stehengeblieben zu sein, als ein Vulkanausbruch viele Straßen verschüttete und die einst blühende Hafenstadt in den Dornröschenschlaf beförderte. Als Einstieg empfehlen sich zwei Plazas – die erste mit Kirchen, Klöstern und Adelsresidenzen, die zweite mit einem Park.

Oberer Platz – Visitenkarte der Stadt

Kleiner Ort, große Bühne: Garachicos Herz schlägt auf der **Plaza de la Libertad** 1, dem ›Freiheitsplatz‹, benannt nach Simón Bolívar, der Venezuela von der spanischen Kolonialherrschaft befreite. Ein Denkmal zeigt ihn schlank und rank in Denkerpose. Sein Blut, heißt es am Sockel, stamme aus Garachico, weshalb der Ort am Unabhängigkeitskampf nicht unbeteiligt gewesen sei … Von politischem Aufruhr ist hier allerdings nichts zu spüren: Eine fast weltvergessene Stimmung hängt über dem Platz. Ältere Männer spielen im Schatten der Palmen Karten, das Gebimmel der Kirchenglocken zu jeder vollen Stunde ist das einzige Geräusch.

Seit Garachicos Gründung 1496 haben auf dem Platz geistliche und weltliche Mächte Stellung bezogen. Die Ostseite wird vom **Convento de San Francisco** 2, dem ehemaligen Franziskanerkloster, eingenommen. Seine Mönche sorgten nach der Conquista dafür, dass die frisch konvertierten Guanchen dem christlichen Glauben treu blieben. Eindrucksvoll ist die Fassade mit Glockenturm und mächtigen Portalen; noch eindrucksvoller sind die von Holzgalerien gesäumten Innenhöfe. Von ihnen gehen Säle ab, in denen das Thema Vulkanismus mit Schautafeln, Modellen und Filmen beleuchtet wird.

Imposanter als das angrenzende *ayuntamiento* (Rathaus) ist der **Palacio**

78

8 | Zwei Plätze in Garachico

de los Condes de La Gomera 3, einstiger Besitz der Inselgrafen. Der längliche Bau aus dem 17. Jh., wegen seiner Lavafassade schlicht ›Steinhaus‹ genannt, hat ein schönes Säulenportal. Darüber prangt das Wappen jener Grafen, die nicht nur über die Nachbarinsel Gomera, sondern auch über den Süden Teneriffas herrschten. Neben dem Haus erhebt sich die Pfarrkirche **Iglesia de Santa Ana** 4, an deren Uhrturm geschrieben steht: »Gestiftet von Herrn M. Monteverde, gemacht von F. Kreitz« – spanisches Geld, deutsche Handwerksarbeit. Die Kirche stammt von 1520, doch erhielt sie ihre barocke Gestalt erst nach dem Vulkanausbruch 1706. Ein Blick ins Innere lohnt – alles Schöne ist aus Holz: die Kassettendecken im Mudéjar-Stil, die Kanzel und die Altäre.

Unterer Platz – der ehemalige Hafen

Über die Straße Montes de Oca läuft man hinab zum ›unteren Platz‹ **Plaza de Abajo** 5 (auch **Plaza de Juan González de la Torre** genannt). Man braucht viel Fantasie, um sich vorzustellen, dass dies einmal ein Tor zur Welt war – und zwar nicht nur von Garachico, sondern von ganz Teneriffa! Wo heute Land ist, befand sich einst eine große Hafenbucht, in der große Segelschiffe anlegten. Kaufleute exportierten von hier Zucker und Wein nach Amerika, Sklavenhändler starteten zu Raubzügen nach Afrika, und Schiffe aus Europa brachten begehrte Manufakturwaren. Glaubt man zeitgenössischen Chroniken, herrschte im Hafen reges Treiben. 1706 aber war schlagartig alles vorbei: Beim Ausbruch der Montaña Negra flossen so gewaltige Magmaströme ins Meer, dass sich die Bucht komplett mit Lava füllte und Neuland entstand, wo vorher Wasser war.

Einziges Überbleibsel des Hafens ist die steinerne Puerta de la Tierra. Früher war sie das ›Tor zum Land‹, heute eröffnet sie Zugang zum **Parque Municipal** 6, einem sich hangaufwärts ziehenden romantischen Park. Über Steintreppen steigt man empor, vorbei an Palmen und Olivenbäumen, mannshohen Weihnachtssternen, Araukarien und einer Büste von Cristóbal del Ponte, den aus Genua stammenden Finanzier der Conquista und Gründer Garachicos. Vorbei an einer riesigen Weinpresse, die an die einstige Bedeutung des Weinexports erinnert, gelangt man in die ›Dichterecke‹ *(rincón de los poetas)*. Eine Büste zeigt Rafael Alberti, der Garachico 1991 besuchte – späte Ehrung für den Schriftsteller, der die Franco-Diktatur im Exil verbrachte.

Öffnungszeiten

Convento de San Francisco: Glorieta de San Francisco, Mo–Do 11–14 und 16–19, Fr 11–14 und 15.30–18.30 Uhr, Eintritt 2 €.
Iglesia de Santa Ana: Plaza de la Libertad, tgl. 9–19 Uhr.

Essen und Trinken

Schön sitzt man im Belle-Epoque-Pavillon des **Kiosco** 1 im Schatten von Lorbeerbäumen. Señor Ignacio serviert Getränke und Sandwiches, manchmal dreht er sich zur Musik tänzelnd im Kreis (Plaza de la Libertad, Di–So 11–21 Uhr, um 4 €). Nur am Wochenende öffnet das stimmungsvolle Gartencafé der **Quinta Roja** 1, in dem man von einem Dutzend kleiner Schildkröten begrüßt wird (Plaza Glorieta San Francisco s/n, Tel. 922 13 33 77, Fr–So 12–21 Uhr).

Der Nordwesten

dort via Montañeta (weitere 3,5 km) bis ins 1000 m hohe San José de los Llanos laufen (nochmals 8 km). Mit Bus 325 geht es nach Garachico zurück.

Infos
Oficina de Turismo: am westlichen Ortsausgang, Av. Tomé Cano s/n, Tel. 922 13 34 61, Mo–Fr 10–14 Uhr.
Bus: Mit dem Bus kommt man von Garachico stdl. nach Buenavista (107, 108, 363) und Puerto de la Cruz (363), alle 2 Std. nach Santa Cruz (107).

Icod de los Vinos ▶ C 3/4

Vermarktet wird Icod als ›Stadt des Drachenbaums‹, und tatsächlich ist der 600 Jahre alte **Drago** [1] einen Blick wert: Mit seiner runzelig-brüchigen Rinde erscheint er als Greis (tgl. 9.30–18.30 Uhr, Eintritt 4 €). Wer sich das Eintrittsgeld sparen will, kann den Baum ebensogut vom Pavillon an der Nordseite des begrünten Kirchplatzes sehen. Von ihm ist es ein Katzensprung zum gleichfalls attraktiven Brunnen-

Ein Greis under den Bäumen Teneriffas: der Drago in Icod de los Vinos

San Juan de la Rambla

platz **Plaza de la Pila** 2, an dem mehrere Kulinaria-Läden öffnen: Außer Lokalwein, dem die Stadt ihren Beinamen verdankt, kann man hier Ziegenkäse und Süßigkeiten (gratis) kosten und kaufen.

In der Umgebung
Einheimische fahren gern zur schwarzsandigen **Playa de San Marcos** 3 2 km nördlich von Icod. Eingerahmt ist der Strand von einer Steilküste, die von Höhlen durchlöchert ist. Dabei handelt es sich nicht um Lavastollen, sondern um von der Meeresbrandung bis zu 40 m tief ausgewaschene Grotten. Zum schönen Bild tragen auch die Fischerboote bei, die täglich ausfahren, um die Strandlokale mit Frischware zu versorgen. Ein Wermutstropfen ist allerdings die Architektur aus Zeiten des Baubooms.

Cueva del Viento 4 : `direkt 9` S. 82.

Essen und Trinken
Legendär – **Agustín y Rosa** 1: Calle San Sebastián 15, Di–So 11–23 Uhr, Preise um 15 €. An der Hauptgeschäftsstraße von Icod werden nun bereits in dritter Generation (heutzutage von Menchu und Perdigón) zu Icod-Wein hausgemachte Kroketten, gefüllter Fisch und Meeresfrüchte-Quiche *(croquetas, pescado relleno, pastel de mariscos)* serviert.

Infos und Termine
Bus: Busse fahren alle 2 Std. nach Santa Cruz (107, 108), stdl. nach Puerto de la Cruz (354 und 363) und Playa San Marcos (362).

San Juan de la Rambla ▶ D 3

Rund um die Pfarrkirche hat sich der kleine Ort dörflichen Charme bewahrt. Spaß macht ein Abstecher zur Küste (Las Aguas), wo sich an Lavaklippen wilde Wellen brechen und Lokale mit Meerblick öffnen.

Küstenwanderer dürfen sich freuen: Der Weg PR-TF 30 führt von Las Aguas längs der Küste über die Playa del Socorro bis Puerto de la Cruz. Er quert dabei die Palmenhaine der Rambla de Castro und weitere schöne Naturschutzgebiete!

9 | Unterirdisch – die ›Höhle des Windes‹ in Icod de los Vinos

Karte: ▶ C 3/4

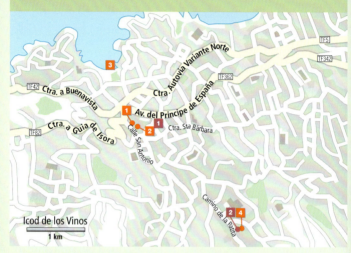

Möchten Sie Teneriffas Unterwelt erkunden? In einem der größten Vulkantunnel der Welt, der Cueva del Viento, schreitet man durch mehrgeschossige Galerien und vorbei an bizarren Felsformationen. Mit etwas Glück sieht man auch Höhlenwesen – Tiere, die in der ewigen Finsternis Augen und Hautpigmentierung eingebüßt haben.

Im Besucherzentrum

Die Expedition beginnt im **Besucherzentrum (Centro de Visitantes)** 4: Der Biologe Francisco Rosa erläutert anhand von Tafeln und Modellen, wie die 17 km große Höhle entstand: Vor 27 000 Jahren brach der Pico Viejo, der ›alte Gipfel‹ neben dem Teide aus, und sein glühender Lavastrom wälzte sich über die steilen Hänge zur Nordküste hinab. Während die obere Schicht der Feuerwalze in Kontakt mit der Luft rasch erkaltete und zu Stein erstarrte, zog darunter der heiße Strom weiter. Als sich der Pico Viejo beruhigte und kein Feuer mehr spie, floss die letzte Lava ab – zurück blieben leere Stollen. Nicht ohne Stolz berichtet Francisco, die Cueva del Viento stünde nach den vier größten Lavatunneln der Welt, die sich allesamt auf Hawaii befinden, gleich an fünfter Stelle. Dann erklärt er, was schnell- und zähflüssige Lava – nicht nur im Aussehen – voneinander unterscheidet. Auch auf die Tierwelt in der Höhle geht er ein: Einige der vielen Insekten haben in der ewigen Dunkelheit einzigartige Merkmale ausgebildet: Da ihre Augen zu

9 | ›Höhle des Windes‹ in Icod de los Vinos

nichts nutze waren, sind sie verkümmert; stattdessen ›sehen‹ die Insekten mit dem Tastsinn ihrer Hinterbeine.

Ein Kurzfilm macht mit den wichtigsten Vulkanen der Welt bekannt, bevor man im Kleinbus in die Natur gebracht wird. Nach fünf Minuten Fahrt erreicht er eine kleine Schlucht, von wo es zu Fuß weitergeht: Auf einem steingepflasterten Weg wandert man eine knappe halbe Stunde durch üppig wuchernde Vegetation zum Höhleneingang.

In der Höhle

Mit Schutzhelm ausgerüstet geht es nun ins Innere der Höhle. 500 m läuft man durch den Tunnel – das klingt kurz, doch ist die gefühlte Entfernung in der Finsternis viel länger. Gleich zu Beginn bemerkt man eine leichte Brise, die während der gesamten Tour nicht verebbt, und begreift, warum die Höhle zu ihrem Namen kam. Spannend ist, was man mithilfe einer Taschenlampe sehen kann: Lava, die an der Decke in Tröpfchenform erstarrte und sich am Tunnelrand in vielfarbig schillernden Bändern ablagerte. An einigen Stellen hat sich

die Lava ausgehobelte Rennbahnen geschaffen – man wünscht sich ein Bodyboard! An einer anderen Stelle sieht man versteinerte Terrassen und kann leicht nachvollziehen, in wie vielen Schüben der Lavastrom durch den Tunnel floss. Besonders eindrucksvoll sind jene Stellen, an denen er sich wasserfallartig über Steilstufen ergoss und weiter unten ›Seen‹ bildete. Francisco erklärt, wie die Lava durch ihre schiere Masse, die Hitze und den immensen Druck den Tunnel, den sie durchfloss, aufsprengte. Reichte ihr der Raum nicht, durchstieß sie das Gestein mit unvorstellbarer Wucht und bahnte sich ihren Weg in neu geschaffenen Röhren. Wenn sich glühende Lava staute, schoss sie sogar nach oben, sodass senkrechte Schächte entstanden. Dann lagerte sich an der Oberfläche so viel Lava ab, dass das enorme Gewicht zum Einsturz des Höhlendachs führte. Das Resultat: ein dreigeschossiges, weit verzweigtes Labyrinth, das noch weitgehend unerforscht ist.

Bevor es zurück zum Besucherzentrum geht, schaut man von einer Aussichtsterrasse weit in die Tiefe.

Infos

Centro de Visitantes 4 : Barrio Cueva del Viento/Los Piquetes 51 (Anfahrt mit Pkw ab Stadtzentrum Icod de los Vinos, »Cueva del Viento« ist ausgeschildert), Di–Sa 9–16 Uhr, www.cuevadelviento. net, Eintritt 10 €, Kinder von 5 bis 14 zahlen die Hälfte (Kinder unter 5 Jahren sind nicht zugelassen). **Führungen:** Führungen in Deutsch bzw. Englisch in einer Gruppe bis zu 14 Pers. finden um 10, 12 und 14 Uhr statt, eine vorherige Reservierung ist obligatorisch (Tel. 922 81 53 39; info@cuevadelviento.net). Die Führung dauert 2 Std., davon 1¼ Std. in der

Höhle. Festes Schuhwerk und lange Hosen sind Pflicht, Rucksack bzw. größere Taschen bitte nicht mitbringen. Wer an Klaustrophobie oder einer Gehbehinderung leidet, wird an der Tour keinen Gefallen finden.

Essen und Trinken

Unmittelbar vor dem Höhleneingang betreiben Julio und Mari die **Taberna Cueva del Viento** 2 , in der man sich mit Tapas und deftigem Kaninchenfleisch stärkt, dazu trinkt man Wein aus der Familien-Bodega (Los Piquetes 40, Tel. 922 81 45 95, Di–So 8–22 Uhr, um 10 €).

Der Norden

Puerto de la Cruz ▶ E 3

Auf den ersten Blick ist man von diesem Ort nicht begeistert: Man sieht Hochhäuser, verstopfte Straßen und in die Jahre gekommene Hotels. Gleichwohl halten viele Besucher ›Puerto‹ die Treue, und dies, obwohl es hier kühler ist als im Süden und die Sonne tagelang hinter Wolken verschwinden kann. Was ihnen gefällt, ist die Mischung aus normaler kanarischer Stadt und Ferienort, aus Fischerhafen und einst feudalem Seebad. Attraktiv sind die Badelandschaften und Strände, ein paar Gärten und Parks sowie die kleine, verkehrsberuhigte Altstadt. Und fast immer hat man den majestätischen Teide im Visier, den man mit Auto oder Bus schnell erreicht.

Orientierung

Mit 30 000 Einwohnern (Urlauber nicht mitgerechnet) ist Puerto de la Cruz eine kleine Stadt, doch fällt die Orientierung nicht leicht. Mehrere Kilometer erstreckt sie sich zwischen Playa Martiánez und Playa Jardín; eine Flanierpromenade führt entlang der Küste, die eines Tages beide Strände verbinden soll. Ungefähr auf halber Strecke liegt das alte Ortszentrum mit dem Fischerhafen. Weniger schön ist das Bild landeinwärts, wo die Straßen von gesichtslosen Bettenburgen gesäumt sind. Erst weiter oben, im Dickicht des Parque Taoro, präsentiert sich die Stadt attraktiv. Weiter östlich, durch den Barranco Martiánez getrennt, erstrecken sich die ruhigen Wohnviertel La Paz und Botánico.

Promenade

An der **Playa Martiánez** 1 beginnt die breite und exotisch bepflanzte Promenade, die einen schönen Rahmen für den **Lago Martiánez** 2, eine von César Manrique entworfene, sich zum Meer öffnende Badelandschaft, bildet. Westwärts führt die Promenade an der

Puerto de la Cruz

weißen **Capilla San Telmo** [3] (1780) vorbei. Unterhalb liegen Riffs, zwischen deren Armen man bei ruhiger See baden kann. Von der **Punta del Viento** [4] hat man einen faszinierenden Blick auf die anrollenden, am Fels sich brechenden Wellen.

Plaza de Europa und Hafen

Danach weitet sich die Promenade zur **Plaza de Europa** [5], die zum Meer hin mit ihren zwischen Mauerkronen eingelassenen Kanonen an eine mittelalterliche Küstenfestung erinnert. Stilistisch angepasst wurde das **Rathaus** [6] *(ayuntamiento)* mit seinen Türmen und Holzbalkonen – nichts mehr erinnert daran, dass es aus einem abgewrackten Kloster hervorgegangen ist. Die kopfsteingepflasterte Straße Las Lonjas, deren Name an die Fischbörse erinnert, führt zur **Casa de Aduana** [7], dem ehemaligen Zollhaus (1706–1833), heute die Touristeninformation. Im Obergeschoss wird Kunst ausgestellt.

Wo ein Zollhaus steht, ist der Hafen nicht weit: Er besteht aus zwei Molen, die Booten Schutz bieten. Vom Hafen gleitet der Blick hinüber zu einem Areal, auf dem bald ein Parque Marítimo entstehen soll. Durch aufwendige Deicharbeiten hat man dem Meer bislang 100 000 m² abgerungen …

Plaza del Charco und Plaza de la Iglesia

Ein paar Schritte landeinwärts liegt die **Plaza del Charco** [8], der Mittelpunkt des Hafenviertels. Erhöht wie auf einem Podest und mit Palmen bestan-

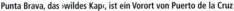

Punta Brava, das ›wildes Kap‹, ist ein Vorort von Puerto de la Cruz

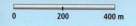

Puerto de la Cruz

Sehenswert
1. Playa de Martiánez
2. Lago Martiánez
3. Capilla San Telmo
4. Punta del Viento
5. Plaza de Europa
6. Rathaus
7. Casa de Aduana
8. Plaza del Charco
9. Iglesia de San Francisco
10. Hotel Marquesa
11. Hotel Monopol
12. Iglesia Nuestra Señora de la Peña
13. Museo Arqueológico
14. Castillo San Felipe
15. Mirador de la Paz
16. Jardín Botánico
17. Jardín de Orquídeas Sitio Litre
18. Parque Taoro
19. Risco Bello

Übernachten
1. Tigaiga
2. Puerto Azul

Essen und Trinken
1. Régulo
2. Templo del Vino
3. Café Ebano

Einkaufen
1. Mercado Municipal

den, ist der Platz Forum und Bühne in einem. An seiner Ostseite startet die verkehrsberuhigte Calle Quintana. Wo sie sich zu einem kleinen Platz weitet, steht die **Iglesia de San Francisco** 9 aus dem Jahr 1600; ein Stück straßenaufwärts stößt man auf die historischen Hotels **Marquesa** 10 und **Monopol** 11 mit galeriengesäumten Innenhöfen. Gegenüber öffnet sich ein zweiter Platz mit der Pfarrkirche **Iglesia Nuestra Señora de la Peña** 12

(1684), deren vergoldeter Barockaltar in der Sonne prächtig glänzt.

Fischerviertel La Ranilla

Westlich der Plaza del Charco liegt das alte Fischerviertel La Ranilla (›Fröschlein‹): eine Mischung aus alten, restaurierten Häusern und dazwischen gesetzten Neubauten – in vielen öffnen Lokale. Ein **Museo Arqueológico** `13` zeigt in einem kanarischen Herrenhaus prähispanische Töpferkunst, Reste von Guanchen-Mumien und frühe Weltkarten (Calle del Lomo s/n, Di–Sa 10–13 und 18–21, So 10–13 Uhr, Eintritt 1 €).

Castillo San Felipe und Playa Jardín

Das **Castillo San Felipe** `14`, eine kanonenbestückte Festung aus dem 16. Jh. im Westen der Stadt, dient heute als Kulturzentrum (Di–Sa 11–13, 17–20 Uhr, Eintritt frei). Von hier blickt man auf die von mehreren Buchten gebildete **Playa Jardín:** ein Strand mit schwarzem Lavasand, der mit Wellenbrechern gesichert wurde. Felsbrocken in der Brandung und viel Grün lassen vergessen, dass er künstlich angelegt wurde. Die hier wieder einsetzende Promenade, die bis zum Fischerdorf Punta Brava führt, ist durch Wasserfälle, Strandbars und Pavillons aufgelockert.

La Paz und Jardín Botánico

An der Südseite des Einkaufszentrums Martiánez startet ein Treppenweg zum Aussichtspunkt **Mirador de la Paz** `15`, der einen schönen Blick über Küste und Stadt bietet. Seinen Namen verdankt er dem Wohn- und Hotelviertel La Paz, das sich durch seine Grünflächen von ›Downtown‹ unterscheidet.

Vom Mirador ist es ein Katzensprung zur Av. del Marqués Villanueva del Prado. Folgt man ihr südostwärts, erreicht man den **Jardín Botánico** `16`. Mit seinem labyrinthartigen Luftwurzelgeflecht erinnert ein Feigenbaum an eine Kathedrale; der ›beschwipste Baum‹ *(palo borracho)* ist mit Stacheln besetzt. Insgesamt wachsen im Botanischen Garten 3000 tropische Arten, 1790 wurden sie auf Wunsch des Königs gepflanzt. Sie sollten sich hier akklimatisieren, um später in den Madrider Hofgarten verpflanzt zu werden. Im kastillischen Winter sind sie eingegangen, in Puerto de la Cruz haben sie sich prächtig entfaltet (Calle Retama 2, La Paz, tgl. 9–18 Uhr, Eintritt 3 €).

Geht man westwärts, gelangt man zum Garten **Jardín de Orquídeas Sitio Litre** `17`, in dem Orchideen aus aller Welt wachsen (Camino del Robado, tgl. 9.30–14.30, Eintritt 5 €).

Parque Taoro

Westlich erstreckt sich auf einer Anhöhe der **Parque Taoro** `18`. Verschlungene Wege führen hinauf, vorbei an Springbrunnen, Wasserfällen, Aussichtspunkten und dem ehemaligen, 1890 für Europas High Society errichteten Gran Hotel (z. Z. geschl.). An seiner Westseite öffnet **Risco Bello** `19`, ein herrlicher Hanggarten mit gleichnamigem Café (tgl. 10–17 Uhr; Garten 3 €). Von seiner Südseite führt der Camino de la Sortija zur villenartigen Oberstadt.

Übernachten

Zum Wohlfühlen – **Tigaiga** `1`: Parque del Taoro 28, Tel. 922 38 35 00, www.tigaiga.com, DZ ab 92 €. Eines der ersten und besten Hotels der Stadt, 1959 von der Schweizer Familie Talg gegründet. Die sachliche Fassade des vierstöckigen Viersterne-Hauses wird durch viel Grün aufgelockert, der zugehörige Garten (Motto: »Pro Gast eine Palme«) ist eine botanische Oase. Hervorragendes Frühstück (Büfett), das man auch im Garten einnehmen kann; 80 Zimmer

Der Norden

wahlweise mit Garten- oder Teide-Blick – je höher, desto schöner. Mit kleinem Spa-Center, Pool, Tennisplatz und Botanik-Führungen.

Mit Tradition – **Monopol** **11**: Calle Quintana 15, Tel. 922 38 46 11, www.monopolf.com, DZ ab 44 €. Zentrales Hotel gegenüber der Pfarrkirche. Das Haus anno 1748 steht seit 1928 unter deutscher Leitung. Außen mit geschnitzten Balkonen, innen mit vierstöckigen Holzgalerien, von denen Efeu und Farn herabwuchern. Im Patio sitzt man auf weichen Polstern, liest und trifft andere Gäste. Die 92 Zimmer liegen teils zum Pool mit Meerblick, teils zur Fußgängergasse mit Blick auf eine Kirche.

Klein – **Puerto Azul** **2**: Calle del Lomo 24, Tel. 922 38 32 13, www.puertoazul.com, DZ ab 40 €. Das Hotel in einer Fußgängerstraße nahe der Plaza del Charco bietet 27 kleine, funktionale Zimmer mit Bad – zur Straße hin mit Balkon, zwei mit Terrasse.

Essen & Trinken

Die meisten Restaurants befinden sich im Fischerquartier, v. a. in der Calle del Lomo.

Klassiker – **Régulo** **1**: Calle Pérez Zamora 16/Ecke San Felipe, Tel. 922 38 45 06, Di–Sa 13–15.30, 18.30–23 Uhr, um 23 €. Seit 1986 werden im Patio eines Herrenhauses kanarische Gerichte fantasievoll zubereitet. Señor Régulo sagt ihnen gern, was garantiert frisch ist. Unaufdringlicher, perfekter Service; am Wochenende reservieren!

Für Genießer – **Templo del Vino** **2**: Calle del Lomo 2, Tel. 922 37 41 64, www.templodelvino .com, tgl. außer Di 12–23 Uhr, um 15 €. In Regalen drängeln sich Weinflaschen, der Blick auf die Tapas-Vitrine ist wie ein Sog: Da stapeln sich Tortilla-Kuchen, gefüllte Paprika und Kartoffeln, eingelegtes Gemüse,

Waldpfifferlinge und Pasta im Glas. Hat man sich an den Tapas gütlich getan und ist im Magen noch Platz, kann man sich einen ›Spieß am Galgen‹ teilen, bestückt mit Fisch, Filet oder Entrecote. Frau Bärbel ist eine liebevolle Köchin, Sohn Matthias ein Profi-Sommelier, Schwiegertochter Angélique eine kompetente Kellnerin.

Zu jeder Tageszeit – **Café Ebano** **3**: La Hoya 2, Tel. 922 38 86 32, ab 9 Uhr. Auf einer kleinen Plaza hinter der Pfarrkirche genießt man Süßes, das man sich in der opulent bestückten Vitrine aussucht. Hinten befindet sich eine Tapasbar mit naiven, von Rousseau inspirierten Wandbildern.

Einkaufen

Markthalle – **Mercado Municipal** **1**: Av. de Blas Pérez González, Mo–Sa 8-20, So 9–14 Uhr. Im Betonbau versorgt man sich mit Fisch, Obst und Gemüse. Am Samstag findet ein Flohmarkt statt. Kunden können gratis parken!

Kunsthandwerk & Kulinaria – **Casa de Aduana** **7**: Calle Lonjas s/n, www.artenerife.com. Hochwertige Keramik, Spitze & Stickerei, Flecht- und Holzschnitzarbeiten, dazu Teneriffa-Köstlichkeiten – alles mit Herkunftsgarantie.

Ausgehen

In der Gastro-Gasse **Calle del Lomo** lässt man den Abend bei einem Glas Wein ausklingen.

Sport und Aktivitäten

Tiere – **Loro Parque:** Der größte und schönste Tierpark der kanarischen Inseln, **direkt 10** ▷ S. 89.

Baden – Wer sich das Geld für die Badelandschaft des Lago Martiánez sparen will, geht zum Lavastrand **Playa Martiánez** oder zur attraktiveren **Playa Jardín**. Romantisch ist die **Playa Bollulo** am östlichen Ortsrand (zu   ▷ S. 91

10 | Pinguine, Orcas, Papageien – Tierattraktionen im Loro Parque

Karte: ▶ E 3

Loro Parque

Im schönsten und zugleich größten Tierpark der Kanaren können Sie ohne Weiteres einen vollen Tag verbringen, ohne sich eine Minute zu langweilen. In spektakulären Shows wird die Intelligenz der Tiere zur Schau gestellt.

In Punta Brava am Westende von Puerto de la Cruz erwartet den Besucher eine auf der ganzen Insel effektvoll angepriesene Attraktion, der Loro Parque. Als sein Gründer Wolfgang Kiessling 1972 die Arbeit begann, sagte er sich: »Gut ausgesuchte Papageien leben lang, sie essen wenig, haben ein buntes, attraktives Gefieder und sind relativ leicht zu pflegen«. Heute betreibt er den größten und abwechslungsreichsten Themenpark der Kanaren – und längst gibt es hier nicht nur Papageien. Auf 135 000 m², d. h. der Fläche von zwölf Fußballfeldern, gibt es eine **Tigerinsel** 1, ein **Gorillagehege** 2 und ein **Delphinarium** 3, dazu **Krokodile** 4, **Flamingos** 5, **Seelöwen** 6, **Riesenschildkröten** 7 und vieles mehr – dies alles eingebettet in unterschiedlich gestaltete Gärten. Alle paar Jahre kommt eine neue Attraktion hinzu, damit auch Teneriffas Wiederholungsbesucher Lust haben, den Park

89

Der Norden

noch einmal anzuschauen und das saftige Eintrittsgeld zu entrichten.

Arktis und Aquarium

So entstand vor Jahren ein **Aquarium** **8**, in dem man – durch einen Glastunnel spazierend und von drei Seiten von Wasser umgeben – das Gefühl hat, selber ein Meeresbewohner zu sein: Haie, Mantas und andere Riesenfische flitzen über dem eigenen Kopf dahin. Dazu leistete sich der Park einen **Planet Pinguin** **9**: Ausgerechnet im frühlingshaften Kanarenklima wurde ein Stück Antarktis, genauer: die südliche Pazifikküste Chiles, nachgestellt. Man sieht Humboldt-Pinguine in ihrer ›natürlichen‹ Umgebung, d. h. in einer zerklüfteten Küstenlandschaft, deren Klippen in ein eisiges Becken fallen. Unentwegt schneit es, während der Besucher auf einem 35 m langen Band an der hinter einer Glaswand aufgebauten Landschaft vorbeigezogen wird.

Orca Ocean **10**

Eine weitere Attraktion kam 2006 hinzu: In einem 120 m langen Becken tummeln sich vier **Orcas**. Die schwarz-weißen Tiere, die 7 m lang und 3500 kg schwer werden können, stammen aus nordamerikanischen Zoos. Es handelt sich bereits um die dritte in Gefangenschaft geborene Generation. Der Name ›Killerwal‹ bezieht sich auf ihre aggressive Art zu jagen. Im Loro Parque absolvieren die Tiere drei Shows am Tag; seit 2010, als ein Trainer von einem Tier getötet worden war, schwimmen die Dompteure nicht mehr mit den Walen

Übrigens: Wenn Sie gern hinter die Kulissen schauen, können Sie sich der Discovery Tour anschließen. Sie erfahren etwas über die Technik hinter dem Riesenpark und haben Einblick in die Tierbaby-Stationen (10/7 €).

im Becken, sondern geben ihre Anweisungen vom Beckenrand. Kleiner Tipp: Wenn Sie nicht bespritzt werden wollen, setzen Sie sich nicht in die erste Reihe! Bleiben Sie nach der Show ein paar Minuten länger, können Sie die Tiere durch die Glaswand in aller Ruhe betrachten.

Katandra – die neueste Attraktion **11**

Katandra heißt in der Sprache der australischen Ureinwohner Vogelgesang: Am intensivsten hört man ihn dort, wo sich die Tiere aufhalten – auf dem Wipfel der Bäume. Doch keine Angst: In der fast 30 m hohen, einem Regenwald nachgebildete Freiflug-Voliere (Katandra genannt) muss man nicht klettern! Holzstege und Hängebrücken machen den Aufstieg zum Kinderspiel, so dass man rasch mit den Vögeln auf Augenhöhe ist. Es lohnt sich, möglichst früh zu kommen, wenn sie den Tag begrüßen oder am Abend, wenn sie ihn verabschieden: Dann erfüllt Singen und Schnalzen, Trällern und Trillern das Gehege. Haarscharf flitzen knallbunte Papageien vorbei, Aras picken zum Greifen nah am Futternapf, während in der Tiefe Straußvögel am Teich spazieren.

Infos

Loro Parque: Av. Loro Parque s/n, Puerto de la Cruz, Tel. 922 37 38 41, www.loroparque.com, tgl. 8.30–18 Uhr, Eintritt 32/21 €, Gratis-Transfer

mit dem »Expresszug« alle 20 Min. von der Plaza de los Reyes Católicos.

Essen und Trinken

Es gibt Cafés, Bistros und Restaurants.

La Orotava

Tags und abends ein beliebter Treffpunkt: die Punta del Viento in Puerto de la Cruz

Fuß ab Mirador de la Paz 1 Std., mit Auto über Zufahrt El Rincón).
Wandern – Zum Selbstkostenpreis organisieren die **deutschsprachigen Gemeinden** Touren (Tel. 922 38 48 29, www.katholische-gemeinde-teneriffa.de, Tel. 922 38 48 15, www.evkirche-teneriffa.es). Außerdem gibt es kommerzielle Bergführer, z. B. **Wanderfamily Gregorio Teneriffa,** www.gregorio-teneriffa.de und **Helmut Frühauf,** www.fruehauf-wandern.com.

Infos und Termine

Oficina de Turismo: Casa de Aduana/Calle Las Lonjas s/n, 38400 Puerto de la Cruz, Tel. 922 38 60 00, www.puertodelacruz.es, Mo–Fr 9–20, Sa 9–13 Uhr, im Sommer kürzer. Viele gute Tipps von freundlichen Mitarbeitern!
Bus: Vom Busbahnhof *(Estación de Guaguas)* im Westen der Stadt (Calle del Pozo) kommt man leicht nach La Orotava (101, 345, 350, 352, 353) und Santa Cruz (101 über kleinere Orte, 102 über Nordflughafen und La Laguna, 303 direkt). Ferner nach Icod de los Vinos, Garachico und Buenavista (363), Los Gigantes (325) und Las Américas (343). Zum Nationalpark fährt Bus 348 um 9.15 Uhr, Rückfahrt ab Parador 16 Uhr.

La Orotava ▶ E 3

Die herrschaftliche Stadt in 340 m Höhe liegt mitten im fruchtbaren Hangtal Valle de Orotava. Mit ihren engen Straßen ist sie ein Schatzkästchen adeliger, kirchlicher und bürgerlicher Architektur – hier ließen sich nach der Eroberung Konquistadoren und Großgrundbesitzer nieder. Bevor man den schönsten Teil

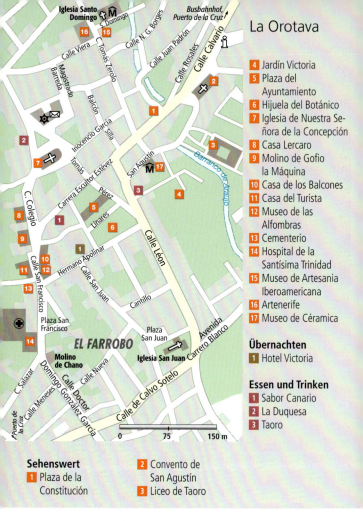

La Orotava

4 Jardín Victoria
5 Plaza del Ayuntamiento
6 Hijuela del Botánico
7 Iglesia de Nuestra Señora de la Concepción
8 Casa Lercaro
9 Molino de Gofio la Máquina
10 Casa de los Balcones
11 Casa del Turista
12 Museo de las Alfombras
13 Cementerio
14 Hospital de la Santísima Trinidad
15 Museo de Artesanía Iberoamericana
16 Artenerife
17 Museo de Céramica

Übernachten
1 Hotel Victoria

Essen und Trinken
1 Sabor Canario
2 La Duquesa
3 Taoro

Sehenswert
1 Plaza de la Constitución
2 Convento de San Agustín
3 Liceo de Taoro

der Altstadt erkundet (**direkt 11** S. 94), lohnen zwei Plätze einen Stopp.

Plaza de la Constitución 1

An der Nahtstelle zwischen historischem Kern und Neustadt liegt quer zum Hang die Plaza de la Constitución, Promenade und Aussichtsplattform in einem. Auf ihrer oberen Etage steht das ehemalige **Convento de San Agustín** 2 (heute Konservatorium) mit der Klosterkirche (1671). Über eine kolossale Freitreppe steigt man ein Stück höher zum **Liceo de Taoro** 3, einem schönen Belle-Epoque-Palast (1928), heute ein Kulturzentrum mit günstigem Lokal. Nahe der Plaza ziehen sich die Gärten des **Jardín Victoria** 4 terrassenförmig hangaufwärts – am obersten Punkt thront das Mausoleum des Freimaurers Marquis de la Quinta Roja (tgl. 10-18 Uhr, Eintritt frei).

La Orotava

Teppiche aus Lavasand und Blumen für die Fronleichnamsprozession in La Orotava

Plaza del Ayuntamiento [5]
Der zweite, nach dem Rathaus (1871) benannte Platz, gefällt mit vielen hohen Palmen. Alle wichtigen Feste finden hier statt, eine Augenweide sind die aus pastellfarbenen Vulkansanden gearbeiteten Fronleichnamsteppiche. Hinter dem Rathaus versteckt sich **La Hijuela del Botánico** [6], ein Ableger des Botanischen Gartens von Puerto de la Cruz (Eingang: Calle Tomás Pérez, Eintritt frei).

Kunsthandwerksmuseen
Neben dem **Museo de las Alfombras** (s. S. 95) gibt es in La Orotava noch drei weitere Kunsthandwerksmuseen – allerdings muss man etwas laufen, um sie zu sehen. Schön ist das **Museo de Artesanía Iberoamericana** [15] im ehemaligen Dominikanerkloster, das Volkskunst aus Spanien, Amerika und den Philippinen zeigt, u. a. aus Binsen geflochtene Boote (Calle Tomás Zerolo 34, Mo 9–15, Di–Fr 9–17, Sa 9–13 Uhr, Eintritt 2,50 €). In der benachbarten Casa de Torrehermosa residiert **Artenerife** [16]: 1500 Exponate illustrieren die Bandbreite des insularen Kunsthandwerks, in Werkstätten kann man Frauen bei der Arbeit zuschauen (Calle Tomás Zerolo 37, Mo–Fr 10–17, Sa 10–13 Uhr, Eintritt frei). Und ein letzter Höhepunkt: Spaniens größte Tontopf-Sammlung im **Museo de Céramica** [17] (Calle León 3, Mo–Sa 10–18, So 10–14 Uhr, Eintritt 2,50 €).

Übernachten
Gediegen – **Hotel Victoria** [1]: Calle Hermano Apolinar 8, Tel. 922 33 16 83, www.hotelruralvictoria.com, ab 78 €, Parken gratis. Im Victoria wohnt man stilvoll in einem Herrenhaus aus dem 17. Jh. mit glasüberdachtem Innenhof, der sich zum Restaurant und zur Weinstube weitet. Um ihn herum sind 14 mit edlen Hölzern dekorierte Zimmer angeordnet, alle mit Sat-TV und Gratis-WLAN. Morgens wird im Patio ein kleines, appetitliches Frühstück (Büfett) serviert. Von der Dachter- ▷ S. 96

11 | Feudale Balkonhäuser – Doce Casas in La Orotava

Cityplan: S. 92

Eine herrschaftliche Straße führt von der Prunkkirche hinauf zum Kloster. Ein Adelspalast reiht sich an den nächsten, und fast jeden kann man von innen anschauen! Doch nicht nur die Architektur vermittelt verflossenen Zauber, sondern auch Kunsthandwerk, Teppiche aus Vulkansand und archaische Gofio-Mühlen.

Barocke Perle

Adelsfamilien, reich geworden mit Zuckerrohr und Wein, ließen sich im Umkreis der Pfarrkirche **Iglesia de Nuestra Señora de la Concepción** [7] nieder. Sie stifteten sie nicht nur, sondern polierten sie auch immer wieder auf, so 1788 mit einer herrlichen Barockfassade mit Kuppel und zwei Türmen.

Häuser und eine Mühle

Geht man von der Kirche die Straße Colegio hinauf, sieht man, wie feudal die Elite des Orotava-Tals einst lebte. **Doce Casas** heißt das Viertel, benannt nach ihren ›zwölf Häusern‹. Geschmückt sind diese mit dem Kernholz der Kiefer, das so robust ist, dass es unbeschadet Jahrhunderte übersteht. Aus Holz sind Fenster und Türen, Balkone und engmaschig vergitterte Erker. Aus Holz ist auch der *patio*, der offene Innenhof mit Arkaden und Galerien – im milden Kanarenklima spielte sich hier der Alltag ab.

Ein besonders schönes Haus ist die **Casa Lercaro** [8] (1671), auch Casa Grimaldi genannt. Gleich beim Eintreten wird man nostalgisch eingestimmt: Kristalllüster glitzern und Buntglasfenster zaubern Reflexe auf den Fliesenboden, über den man in den kopfsteingepflasterten Palmenhof gelangt. Er ist hufeisenförmig von Holzgalerien gesäumt, an seiner offenen Flanke schaut man über den Garten aufs Orotava-Tal.

Neben der Casa Lercaro ist noch die alte Mühle **Molino de Gofio la Má-**

11 | Doce Casas in La Orotava

quina **9** in Betrieb, in der es nach geröstetem Getreidemehl duftet. Einst wurde die steile Straße von einem Bach begleitet, dessen Wasserkraft für den Antrieb dieser und weiterer Mühlen genutzt wurde. Zwar wird heute Maschinenkraft eingesetzt, doch der *gofio* schmeckt noch immer: Wer Lust hat, kann ein kleines Beutelchen kaufen.

Straßenaufwärts kommt man zur **Casa de los Balcones** **10** (1632), benannt nach ihren Balkonen, die die ganze Länge des Hauses einnehmen. Auch hier lohnt es sich hineinzuschauen, um den von Holzgalerien gesäumten Innenhof zu bewundern. In Werkstätten wird gewebt, gestickt und geschnitzt – die Resultate kann man im angeschlossenen Laden kaufen. Über eine Wendeltreppe steigt man ins Obergeschoss, wo Schaufensterpuppen im historischen Kostüm inmitten von Antiquitäten Szenen aus dem Leben der Reichen und Schönen von einst nachstellen.

Schräg gegenüber öffnet in einem Renaissancebau von 1590 eine Filiale, die **Casa del Turista** **11**: Wohin das Auge schaut, stapeln sich Souvenirs, doch immerhin kann man auch einen Blick aufs Orotava-Tal werfen. Auf der Terrasse des Hauses arbeitet oft ein Künstler, der einen Straßenteppich aus Vulkanerde streut. Wer mehr darüber erfahren will, besucht das **Museo de las Alfombras** **12** gegenüber, in dem – vom Sammeln und Färben des Lavasandes über die Wahl des Motivs bis zum Auslegen des Teppichs – der gesamte Schaffensprozess nachgezeichnet wird.

Geistliches

Ein paar Schritte aufwärts, nun wieder auf der anderen Straßenseite, befindet sich der Eingang zum Friedhof, dem **Cementerio** **13**: Pax Dei. Über von Weihnachtssternen gesäumten Weg gelangt man zum ummauerten Karree, in dessen Wänden die Urnen in ›Schubladen‹ stehen. Alte Bäume spenden Schatten.

Folgt man der Straße bergauf, stößt man auf das ehemalige Kloster der Franziskanerinnen, heute das **Hospital de la Santísima Trinidad** **14**. Im Portal ist eine Drehwiege eingelassen, die mit einem Kissen ausgepolstert ist. Hier ließen früher unverheiratete Frauen im Schutze der Anonymität ihre unerwünschten Neugeborenen zurück.

Infos

Iglesia de Nuestra Señora de la Concepción/El Tesoro: Mo–Fr 9–13, 16–19, Sa 9–13 Uhr.
Casa Lercaro: Calle Colegio 7, Tel. 922 08 17 52, tgl. 10–21 Uhr.
Molino de Gofio La Máquina: Calle Colegio 9, Mo–Sa 10–17 Uhr.
Casa de los Balcones: Calle San Francisco 3, www.casa-balcones.com, Mo–Sa 10–18 Uhr, Eintritt 2 €.
Casa del Turista: Calle San Francisco, Mo–Sa 10–18 Uhr.
Museo de las Alfombras: Calle San Francisco 5, Mo–Sa 10–18 Uhr, 1 €.

Cementerio: Calle San Francisco 6, Mo–Sa 8–17, So 9–12 Uhr.

Essen und Trinken

Auf der Café-Terrasse der **Casa Grimaldi** (auch Casa Lercaro) **8** bekommt man hausgemachten Kuchen, in der rustikalen *cervecería* deftige Tapas, auf Wunsch auch ein Menü für 10 €. Im gegenüberliegenden Restaurant wird kreative Küche serviert (Restaurant bis 21, Tasca bis 23 Uhr). Weitere Restaurantempfehlungen: **Sabor Canario** **1** und **La Duquesa** **2**, s. S. 96.

Der Norden

rasse genießt man ein 360°-Panorama über das Tal bis zum Teide.

Essen und Trinken

Auf urkanarisch getrimmt – **Sabor Canario** **1**: Carrera del Escultor Estévez, 17, Tel. 922 32 27 25, Mo–Sa 12–21 Uhr, um 15 €. Kanarische Hausmannskost in gemütlichem Innenhof.

Einheimischentreff – **La Duquesa** **2**: Plaza Patricio García 6-B, Tel. 922 33 49 49, Mo–Fr 7–16 Uhr, um 10 €. Schräg gegenüber der Pfarrkirche serviert die ›Gräfin‹ großzügige Portionen deftiger Hausmannskost.

Anno 1914 – **Taoro** **3**: Calle León 5, Tel. 922 33 00 87, Di–Sa 12–20 Uhr, So nur mittags, um 8 €. Das 1914 vom Breslauer Egon Wende gegründete und noch immer in Familienbesitz befindliche Lokal ist günstig und gut. Man betritt es durch eine Konditorei, in der man Süßes auswählt, das man auf einem Hochtablett in den Garten trägt und dort vernascht – Einheimische bestellen auch gern das Tagesmenü.

Feudal und preiswert – **Liceo de Taoro** **3**: Plaza de la Constitución 6, Tel. 922 33 01 19, www.liceodetaoro.es, Do–Di 10–23 Uhr, Menü 8 € In feudalem Rahmen und doch preiswert. »Essen Sie am schönsten Platz zum günstigsten Preis« – die Werbung stimmt.

Infos und Termine

Oficina de Turismo: Calle Calvario 1, 38300 La Orotava, Tel. 922 32 30 41, www.villadelaorotava.org, Mo–Fr 9–18 Uhr.

Bus: Vom Busbahnhof *(Estación de Guaguas)* nordöstlich der Altstadt an der Avenida José Antonio/Ecke Calle Miguel de Cervantes kommt man alle 30 Min. nach Puerto de la Cruz (101, 345, 350, 352, 353), La Laguna und Santa Cruz (101, 107, 108). Linie 348 passiert La Orotava auf dem Weg zum Nationalpark. Ein Parkhaus *(Aparcamiento)* befindet sich nahe der Plaza de la Constitución.

Fiesta de Corpus Christi: Mai/Juni. Zu Fronleichnam werden Straßen und Plätze mit ›Teppichen‹ aus gefärbtem Vulkansand ausgelegt, die Bibelszenen darstellen (s. Foto S. 93) – sehenswert!

Tacoronte ▶ F/G 2

Mit seinen längs der TF-217 aufgereihten Häusern wirkt der 18 000 Einwohner zählende Ort unattraktiv. Schön ist nur das unterhalb der Hauptstraße gelegene Zentrum: Rings um die schattige **Plaza del Cristo** gruppieren sich historische Häuser, eine Freitreppe führt zur Kirche Iglesia El Cristo de los Dolores. Nebenan öffnet im ehemaligen Augustinerkloster ein Kulturzentrum. Sehenswert ist auch die etwas schwer zu findende **Plaza Chico,** der zweite, von der barocken Iglesia Santa Catalina dominierte Platz.

Einkaufen

Bauernmarkt – **Mercadillo del Agricultor:** TF-16 (4 km Richtung Valle de Guerra), www.mercadillodelagricultor. com, Sa–So 9–14 Uhr. Alles frisch, direkt vom Hersteller und deshalb auch günstiger: Obst und Gemüse von der Finca, Ziegen- und Lammfleisch, Gartenkräuter, Honig, Käse aller Reifegrade und Wein aus kleinen Familien-Bodegas.

In der Umgebung
Weinverköstigung in El Sauzal, direkt 12 ▶ S. 97.

Infos und Termine

Fiesta del Cristo de los Dolores: Erste Septemberhälfte. Tacoronte feiert seinen Patron mit einem großen Kunsthandwerksmarkt.

12 | Probieren und studieren – Weinprobe in El Sauzal

Karte: ▶ F 2

Zwar ist Teneriffa vergleichsweise klein, doch wachsen auf ihr die unterschiedlichsten Weine – kaum ein Fleck auf der Erde wartet mit einer ähnlich großen Vielfalt auf. Einen Überblick über Teneriffas fünf Weinregionen erhält man im Gutshof Casa del Vino La Baranda.

Mit Herkunftsgarantie

Jede Rebe hat ihren eigenen Geschmack. Dieser hängt davon ab, ob sie aus dem trockenen Süden oder dem feuchten Norden, aus küstennahen oder hohen Lagen stammt. Das allerdings ist eine These, die es zu beweisen gilt. Um Besucher von der Qualität des einheimischen Weins und seiner vielen Varianten zu überzeugen, hat die Inselregierung in El Sauzal einen alten Gutshof in ein attraktives Weinhaus, **die Casa del Vino La Baranda** 1 , verwandelt. Hier sind alle Tropfen versammelt, die die begehrte ›geschützte Herkunftsbezeichnung‹ (*denominacion de origen*, DOC) erhielten, d. h. von Inspektoren auf Herkunft und Qualität, Verarbeitung und Geschmack der Reben überprüft wurden. Im angeschlossenen Laden lagern Hunderte von Flaschen – es ist beeindruckend zu sehen, wie viele unterschiedliche Weine es gibt.

Schwelgen und Schlemmen

Spaß macht die Degustation in der rustikalen Probierstube. Man nimmt an einem großen, hufeisenförmigen Holztisch Platz, und während der Sommelier in der Mitte den Wein (auf Englisch bzw. Deutsch) erläutert, wird dieser von Kellnern in Tracht eingeschenkt – das alles zu einem sehr günstigen Preis und so aufeinander abgestimmt, dass man keine Kopfschmerzen bekommt. Wer jetzt auf den Geschmack gekommen ist, kann auf der Aussichtsterrasse des Restaurants Platz nehmen und mit

Der Norden

Übrigens: Hochprämiert ist der süße Dessertwein Humboldt der Bodega Viña Norte. Im Guide Peñín, der Gastro-Bibel für spanische Tropfen, rangiert er gleichauf mit den Topweinen der Iberischen Halbinsel.

Weitblick aufs Meer noch mehr Wein trinken und dazu kanarisch-kreativ schlemmen.

Wein-Geschichte

Man kann aber auch einen Rundgang durch die angrenzenden Gebäude unternehmen und dabei viel über den kanarischen Wein erfahren. Mit den Konquistadoren kam er im 15. Jh. auf die Insel und erlangte rasch eine solche Qualität, dass ihn selbst der englische Hof nicht missen mochte. Man erfährt unter anderem, welche archaischen Rebsorten noch heute auf Teneriffa wachsen und warum diese in Europa ausgestorben sind, warum der kanarische Weinanbau nach einer Zeit der Blüte abstürzte, doch heute eine Renaissance erlebt.

Benachbarte Bodegas

Wer von einem Wein so angetan ist, dass er den zugehörigen Winzer selbst besuchen möchte, kann sich dessen Telefonnummer und Adresse geben lassen – viele Bodegas befinden sich in der Region. Gleichfalls in El Sauzal, aber südlich der Autobahn TF-5, öffnet die traditionsreiche **Bodegas Monje** [2]: Dolores und ihr Mann Felipe Monje haben mehr als ein Dutzend Weine kreiert, vom leichten Weißen über im Eichenfass gelagerten Roten bis zum süßen Dessertwein. Keinerlei Voranmeldung benötigt man in der **Cuadra de San Diego** [3], wo man auch hervorragend speisen kann: Almudena und Isabel servieren hier zum hauseigenen, herben Wein fantasievoll variierte kanarische Küche mit viel Frische, z. B. Spinatsalat mit Grapefruit-Dressing, Pilz- und Spinatkroketten sowie Lamm mit Feigen. Sehr schön sitzt man im Garten unter zwei alten Drachenbäumen!

Adressen und Infos

Casa del Vino La Baranda: Calle San Simón 49 (nahe Autobahnausfahrt TF-5, Salida El Sauzal), Tel. 922 57 25 35, www.tenerife.es/casa-vino, Di 10.30–18.30, Mi–Sa 9–21, So 11–18 Uhr; Restaurant: Tel. 922 56 38 86, Di–Sa 13–23, So 13–16 Uhr, Tapas ab 4 €.
Bodegas Monje: Camino Cruz de Leandro 36, El Sauzal (TF-5 salida 21), Tel. 922 58 50 27, www.bodegasmonje.com, Mo–Fr 10–19, Sa–So 10–14 Uhr (allerdings nur nach Anmeldung).
Cuadra de San Diego: Camino Botello 2, La Matanza, Tel. 922 57 83 85, www.lacuadradesandiego.com, Do–So 13–16, 19–23 Uhr (Zufahrt: TF-5, Salida 23 Richtung La Matanza, dann TF-217 bis Km 1,6).

Anfahrt

Ab Tacoronte mit Bus 12, ab La Laguna mit Nr. 11 und 12. Gratis-Parkplatz unterhalb der Casa del Vino.

Mesa del Mar und El Pris ▶ F/G 2

Schmale, kurvenreiche Straßen schrauben sich längs der Klippen zu den beiden Orten hinab, die durch eine 1 km lange Küstenpromenade verbunden sind. **Mesa del Mar** breitet sich auf einer tischebenen Küstenplattform aus und wurde durch Hochhäuser leider verschandelt. Verschönerungsarbeiten sollen nun retten, was zu retten ist. So gibt es ein Meerwasserschwimmbecken mit Liegeflächen auf Holzplanken und eine schwarzsandige Bucht.

Auch in **El Pris** wurde am Ortseingang eine Apartmentanlage gebaut, doch blieb im Zentrum das Flair des alten Fischerdorfs erhalten. Erfrischen kann man sich auch hier in einem Meerwasser-Pool.

Bajamar und Punta del Hidalgo ▶ G/H 1

Fantastisch ist die Küste, die sich am Fuß des zerklüfteten Anaga-Gebirges hinzieht. Die hingeklotzte Architektur mag dazu wenig passen, doch unmittelbar am Meer, die Häuser im Rücken, kann man beide Orte genießen. Sowohl in Bajamar als auch in Punta del Hildago führt eine Promenade an Meerwasser-Pools vorbei, in denen man sich erfrischen kann. Herrlich sind hier die Sonnenuntergänge! 3 km hinter Punta del Hildago endet die TF-13 an unüberwindlichen Klippen: Nur auf markierten Wanderwegen kommt man ins Anaga-Gebirge, z.B. auf dem PR-TF 10 nach Cruz del Carmen (4 Std. eine Richtung).

In der Umgebung
Panoramastraße im Anaga-Gebirge: Über die spektakuläre Höhenstraße TF-12 vorbei an tiefen Schluchten zu kleinen Küstendörfern, `direkt 13 ▶` S. 100.

Essen und Trinken

Toller Sonnenuntergang – **La Caseta:** Av. Marítima 1, Tel. 922156632, www.restaurantelacasetapuntahidalgo .com, Di–So 9–24 Uhr, Kaffee und Kuchen 4 €, Tagesmenü 9 €. Als Señor Acostas Mutter das Lokal 1950 öffnete, war es das einzige ›Häuschen‹ (*caseta*) weit und breit. Mit dem Ort ist das Restaurant gewachsen und hat heute sogar eine Konditorei. Die Kalorienbomben genießt man auf der Terrasse oder der glasüberdachten Veranda. Auch Fisch und Meeresfrüchte schmecken hier.

Für Ruhesuchende: Wohnen an der Salzküste

Mit Wucht wirft sich die Brandung gegen die Klippen und hinterlässt eine salzige Gischt, der Küste und Hotel den Namen **Costa Salada** verdanken. Zur wilden Natur passt die legere Hotelführung – in der mit alten Familienstücken eingerichteten Villa fühlt man sich wie zuhause. Tagsüber gibt es gratis Tee und Kaffee, abends speist man im kleinen Menü-Restaurant und lässt den Tag bei einem Glas Wein in der Höhlenbar ausklingen. Rund um die Uhr zugänglich sind der Meerwasser-Pool und die Sauna. Ideal für alle, die Ruhe suchen! (Camino La Costa, Tel. 922 69 00 00, www.costasalada.com, DZ ab 92 €; Zufahrt über TF-161 Tejina – Valle de Guerra).

13 | Panoramastraße in grünen Höhen – im Anaga-Gebirge

Karte: ▶ H/J 1

Teneriffas Nordostzipfel ist schroff und spektakulär: Eine auf 1000 m Höhe verlaufende Pass- und Panoramastraße erschließt den bewaldeten Hauptgrat, von dem sich steile Schluchten gen Süden und Westen senken und Wanderwege abzweigen. An ihrer Mündung liegen Küstendörfer, in denen man gut Fisch isst.

Achtung – Museumsstück!
Den immergrünen **Lorbeerwald** darf man getrost zu den Museumsstücken der Natur zählen: Lang bevor es den Homo sapiens gab, wuchs er schon rings ums Mittelmeer. Doch während er dort infolge der Eiszeiten ausstarb, konnte er auf den wärmeren Atlantikinseln überleben. Hier hat ihm freilich die europäische Kolonialisierung fast den Garaus gemacht: Der Wald, der einst den gesamten Inselnorden auf einer Höhe zwischen 500 und 1100 m bedeckte, wurde Opfer der Zuckerindustrie – die Bäume dienten als Brennstoff der Siedereien. Nur die unzugänglichsten Wälder entgingen der Rodung, so im Anaga-Gebirge, das seit 1987 unter Naturschutz steht.

Höhenstraße TF-12
Der Zugang zum Anaga-Gebirge erfolgt über das Dorf **Las Mercedes** 1 knapp nördlich von La Laguna. Hier startet die kurvenreiche Panoramastraße TF-12 (später TF-123), die längs des 1000 m hohen Kamms verläuft. Von ihr schrauben sich mehrere Stichstraßen zu entlegenen Berg- bzw. Küstendörfern hinab.

13 | Im Anaga-Gebirge

Alle Abstecher wird man – aufgrund der Entfernungen und Höhenunterschiede – nicht mitnehmen können, doch einen sollte man sich nicht entgehen lassen: die Fahrt zur spektakulären Küste von Taganana und Benijo. Auch empfiehlt es sich, unterwegs kleine Wandertouren einzuschieben, z. B. ab Cruz del Carmen, wo sich auch ein Besucherzentrum befindet.

Miradores

In weiten Serpentinen schraubt sich die Straße zum **Mirador de Jardina** 2 (Km 25,1) hinauf, wo man einen unverstellten Blick auf die Hochebene von La Laguna bis hin zum Teide hat. Obligatorisch ist auch der Stopp am fast 1000 m hohen **Mirador Cruz del Carmen** 3 (Km 22,7), der weite Ausblicke eröffnet. Eine kleine Kapelle ehrt die Schutzheilige, ein Ausflugslokal bietet deftige Küche. Dazu informiert ein **Besucherzentrum (Centro de Visitantes)** über die Besonderheiten des Naturschutzgebiets; Faltblätter (auf Deutsch) zeigen alle Wanderwege auf.

Lorbeer-Lehrpfad

Leicht und kurz ist der **Lehrpfad La Hija Cambada** 4 (1.30 Std. hin und zurück), der links vom Ausflugslokal erst über Asphalt, dann auf einer Erdpiste zu einer Schranke führt (Schautafel). Hier steigt man links hinab in den Wald und wird mit seinen Geheimnissen vertraut gemacht. Unterwegs erfährt man, warum der Lehrpfad den seltsamen Namen ›Verküppelte Tochter‹ erhielt: Der Lorbeer bildet Triebe aus, die nach dem Tod des ›Mutterbaums‹ schief und krumm aus dessen abgestorbenem Stamm wachsen. Faszinierend zu erfahren, dass selbst abgeschlagene Äste Wurzeln ausbilden!

Tipp: Wer nicht auf gleicher Strecke zurücklaufen will, quert die Straße und folgt dem Weg, der wenig später auf eine Forstpiste stößt. Auf dieser geht es rechts nach Cruz del Carmen zurück.

Mirador del Pico del Inglés

Bei Km 21,8 zweigt rechts eine Straße zum Aussichtspunkt **Mirador del Pico del Inglés** 5 ab, der bei klarer Sicht einen Panoramablick gewährt: von grünen, tief eingeschnittenen Tälern im Norden bis Santa Cruz im Osten und dem Teide im Südwesten.

Abstecher Chinamada

Bei Km 20,7 zweigt links eine 6 km lange Straße nach Las Carboneras/Chinamada ab. Das Dorf **Las Carboneras** 6 besteht aus einer Kapelle, steilen Gassen und einem Ausflugslokal. 2 km weiter endet die Straße im Höhlenweiler **Chinamada** 7, der grandios in einer Einsattelung liegt. Vom Kirchlein führt ein Weg in 15 Min. zum Aussichtspunkt **Mirador de Aguaide** 8; ein zweiter senkt sich in 1.30 Std. nach **Punta del Hidalgo** hinab.

Abstecher Afur

Kurze Zeit später passiert man das Ausflugslokal Casa Carlos (Wanderweg PR-TF 2 in 2,6 km zum ›Matterhorn‹ Taborno). Bei Km 18,4 ist ein weiterer Abstecher möglich: Am Ende einer 6 km langen Stichstraße liegt **Afur** 9, dessen drei Ortsteile sich terrassenförmig den Hang hinabstaffeln. Das ›untere Afur‹ (Afur Bajo), an dem die Straße endet, hat einen Krämerladen, in dem Señor José eine urige Bar betreibt. Ein Wanderweg senkt sich in 1 Std. zur Felsbucht **Playa del Tamadite** hinab.

Zur Gabelung TF-12/TF-123

Anschließend passiert man die Siedlung **Casas de la Cumbre** 10 (Km 16,3), eine Casa Forestal (Km 15,5) und einen winzigen Picknickplatz (Km 13,8). Et-

101

Der Norden

was später, an der zentralen Gabelung bei Km 11,4, muss man sich entscheiden, wie es weitergehen soll: Links führt die TF-123 zur einsamen Anaga-Spitze, rechts geht es mit der TF-12 nach Taganana bzw. San Andrés/Santa Cruz. Empfehlung: zunächst der TF-12 folgen, nach gut 2 km (Km 9) aber mit der TF-134 nach Taganana-Benijo abzweigen.

Abstecher Taganana-Benijo
Durch eine dramatische Felslandschaft schraubt sich die TF-134 abwärts. Nach 2 km erlaubt ein Aussichtspunkt, sie auf sich wirken zu lassen. Wenig später passiert man **Taganana** 11, dessen Häuser sich auf mehreren Felsspornen drängen. Ein Kleinod ist die Kirche mit einem Hans Memmling zugeschriebenen Triptychon aus dem 17. Jh. (Schlüssel Haus 13). 3 km unterhalb des Dorfes stößt man zur Küste vor: Gern legt man in **Roque de las Bodegas** 12, dessen schwarzer Strand von zerklüfteten Felsen eingerahmt ist, eine Pause ein. Zwar ist Baden wegen der starken Brandung nicht möglich, doch längs der Straße reihen sich Fischlokale.

Vorbei am Abzweig nach Almáciga (Km 7,7) kommt man nach **Benijo** 13, wo die Straße am Fuß hoher Steilwände endet. Der Weiler besteht aus drei Lokalen, am schönsten ist der Mirador. Vom Restaurant führt ein Treppenweg zum Kiesstrand hinab – einer der romantischsten Flecken Teneriffas! Die versprengten, aus den Fluten ragenden Felsen erinnern an archaische Urwesen, wild rollen die Wellen heran. Man kann auch vom Restaurant Caseta El Frontón aus dem Wanderweg PR-TF 6.2 in 30 Min. zur **Playa del Draguillo** 14 folgen – auch dies ist ein romantischer Ort für ein hüllenloses Sonnenbad.

Infos
Centro de Visitantes: Mirador Cruz del Carmen, TF-12, Km 22,7, Tel. 922 63 35 76, tgl. 9.30–16 Uhr.
Auto: Die letzte Tankstelle steht in Mercedes!
Bus: Taganana, Roque de las Bodegas und Almáciga sind durch Bus 246 mit der Außenwelt verbunden, Chamorga und Punta de Anaga durch Bus 247. Mehrmals tgl. fahren auch Busse von La Laguna über Las Mercedes nach Cruz del Carmen (073, 075–077), zum Mirador del Pico del Inglés (073), nach Las Carboneras und Taborno (075), Afur (076) und El Bailadero (077, 246, 247).

Essen und Trinken
In Roque de las Bodegas ist die **Casa Africa** 1 seit Jahrzehnten der Anlauf- und Treffpunkt: Señora Africa sorgt für gute Stimmung und großzügige Fischportionen – auch der Anaga-Ziegenkäse *(queso)* schmeckt, und danach ein Glas Mistela-Likör! (Tel. 922 59 01 00, 12–18 Uhr, um 10 €)
In Benijo besticht der **Mirador** 2 durch eine Terrasse, von der man einen grandiosen Klippenblick hat. Miky, Luis und Ana kaufen nur bei Bauern und Fischern des Dorfs; nichts ist schöner, als das Mahl mit einem marokkanischen Pfefferminztee zu beschließen (TF-134 Km 9,3, Tel. 922 59 02 17, 12–17 Uhr, im Sommer bis 21 Uhr, um 15 €).

Unterkunft
Wanderer quartieren sich in der modernen, aussichtsreichen **Albergue Montes de Anaga** 1 ein (TF-123 Km 0,9, 2 km östl. El Bailadero, Tel. 922 82 20 56, www.alberguestenerife.net, 9 Zimmer, DZ mit Bad 37 €, im Vielbettzimmer 14 € p. P.).

Das Inselzentrum

Vilaflor ▶ D 6

Eines der höchstgelegenen Dörfer Spaniens (1466 m) ist bei Wanderern beliebt, denn es liegt in der Nähe des Starts vieler Nationalpark-Touren. Wer die Hauptstraße entlangfährt, kann mit dem Dorfnamen behaupten: Vi la flor (›Ich sah die Blume‹), denn zu jeder Jahreszeit steht etwas in Blüte. Dank seiner trockenen, reinen Luft hat Vilaflor den Status eines Kurorts; das hier entspringende Mineralwasser wird als *Fuente Alta* abgefüllt. Im oberen Ortsteil befindet sich der Kirchplatz mit der **Iglesia de San Pedro** (1550), auf einer Anhöhe thront die **Ermita de San Roque**, nahebei der aussichtsreiche **Mirador**.

Übernachten

Exklusiv im Landhausstil – **Spa Villalba:** Ctra. San Roque s/n, Tel. 922 70 99 30, www.hotelesreveron.com, DZ ab 60 €. Viersterne-Hotel mit 27 suiteartigen Zimmern und Waldblick-Balkon (besser sind die von der Straße abgewandten). Im Preis inkl. ist das Hallenbad, nicht aber das Spa. Wer sich fit machen will, übt an der Kletterwand.

Familiär – **El Sombrerito:** Calle Santa Catalina 15, Tel. 922 70 90 52, DZ ab 48 €. Freundliche Zimmer mit Heizung; lockeres Ambiente und preiswertes, museales Restaurant.

Essen und Trinken

Gemütlich am Kamin – **El Rincón de Roberto:** Av. Hermano Pedro 27, Tel. 922 70 90 35, tgl. außer Di ab 12 Uhr, Degustationsmenü 16 €. Im dunkel getäfelten Raum, in dem ein Kamin wärmt, serviert Araceli kanarische Klassiker, die ihr Mann Jesús zubereitet. Empfehlenswert ist das Menü mit gebratenem Ziegenkäse und Mojo-Soße, Kürbiscremesuppe, gebeiztem Kaninchen und Gofio-Mousse-Dessert.

Einkaufen

Bekannt ist Vilaflor für seinen Wein, vor allem aber für seine Spitzen *(rosetas)*, die man in den Läden am Kirchplatz be-

Mondlandschaft Paisaje Lunar

Die Mondlandschaft (Paisaje Lunar) aus bizarr erodierten Bimsstein-Minaretten gehört zu Teneriffas Highlights und ist nur zu Fuß erreichbar. Attraktiv ist der Rundweg PR-TF 72, der am unteren Rand des Kirchplatzes von Vilaflor startet (Info-Tafel): Auf der Calle Castaños geht es hinab und sogleich links in die Calle El Canario, anschließend immer der gelben Markierung nach (hin und zurück 13 km/6 Std.). In den Läden und Restaurants von Vilaflor ist eine Wanderbeschreibung (auch auf Deutsch) erhältlich.

Das Inselzentrum

kommt. Spaß macht der sonntägliche Bauernmarkt *(mercadillo del agricultor)*.

Infos und Termine
Bus: Linie 342 fährt morgens von Las Américas via Vilaflor zum Teide-Nationalpark und von dort ab Parador um 16 Uhr wieder zurück. Mehrmals tgl. Busse nach Granadilla (474) und Los Cristianos (482).

El Portillo ▶ E 4

Das ›Pförtchen‹ liegt am Schnittpunkt der Straßen TF-21 und TF-24. Zum Weiler gehört ein **Besucherzentrum,** das sich optisch gut in die Landschaft fügt. Man betritt es durch einen Lavatunnel und findet sich in einem höhlenartigen Saal wieder, in dem die feuerspeiende Entstehungsgeschichte der Kanaren multimedial veranschaulicht wird; ein kurzer Film (auch in Deutsch) erläutert, wie das Inselzentrum entstand. Rund um das Besucherzentrum wachsen endemische Pflanzen, darunter der Rote und Blaue Teide-Natternkopf (Centro de Visitantes El Portillo, TF-21 Km 32/ TF-24 Km 43, Tel. 922 35 60 00, www.mma.es, tgl. 9–16 Uhr, Eintritt frei. Wanderung zur Felsenfestung, `direkt 14` S. 105). ▷ S. 107

Spektakuläre Felsformationen Roques de García, im Hintergrund der Teide

14 | Vulkane erwandern – von El Portillo zur Felsfestung

Karte: ▶ E 4

Eine bessere Einstimmung auf den Nationalpark ist kaum denkbar. Im Besucherzentrum erfahren Sie, wie die Insel entstand, bei der anschließenden Tour erleben Sie vulkanische Gewalt ›live‹. Höhepunkt der Wanderung ist die ›Rote Festung‹, die wie ein gigantischer Riegel den Horizont versperrt.

Hochalpin, dennoch leicht

Der Weg, der den nördlichen Teil des Nationalparks erschließt, bietet fantastische Ausblicke auf den Teide und den benachbarten ›Weißen Berg‹ (Montaña Blanca). In mäßigem Auf und Ab führt er durch ockerfarbene Sand- und Lavawüsten, die mit bizarren Felsformationen gespickt sind. Am Wendepunkt des Wegs ragt eindrucksvoll die rotbraune Felswand der Fortaleza (2159 m) auf, die die Cañadas gen Norden abgrenzt – hinter ihr fällt der riesige Hang steil ins Orotava-Tal ab.

Vom Centro de Visitantes bis La Fortaleza

Der grün markierte Weg (*sendero* 1) startet links vom Eingang des **Besucherzentrums in El Portillo** 1. Er nimmt sogleich eine Steinpflasterung an und gabelt sich nach wenigen Schritten: Rechts geht es in den Botanischen Steingarten, wir aber halten uns links und passieren ein Gatter (nach dem Passieren bitte wieder schließen). Sogleich haben Sie links den majestätischen Teide im Blick, während der fortan sandige, von Ginster und Goldregen

105

Das Inselzentrum

Übrigens: Das neue **Centro de Interpretación del Teide** wurde westlich des Stadtzentrums von La Orotava errichtet. Im 8 Mio. Euro teuren Dreiecksbau wird man multimedial über den Teide und die Cañadas informiert. Das Obergeschoss präsentiert sich als Aussichtspunkt auf den Vulkanriesen, während der Garten all die Flora zeigt, die an seinem Fuß wächst. Hier sollen bald auch alle Genehmigungen – von der Gipfelbesteigung bis zur Übernachtung in der Hütte – erhältlich sein (El Mayorazgo, Calle Domingo Hernández González, La Orotava, Eröffnung voraussichtlich 2011).

gesäumte Weg in kleinen Kehren durchs hügelige Gelände zieht. Nach knapp 20 Min., wo er sich auf einer kleinen Ebene gabelt, geht es geradeaus weiter.

Sobald die drei Felsformationen des **Roque de Peral** 2 in den Blick kommen, stößt der Weg auf einen quer verlaufenden *camino*. Dieser führt links als *sendero* 6 zur Montaña Blanca, wir halten uns aber rechts und folgen ihm leicht ansteigend um die Felsgruppe he-

rum. Anschließend führt er in einer Diagonale zu einer Hochebene hinauf, die einen ersten Blick auf die Felsfestung eröffnet – ihr zu Füßen liegt das weite, sandige Tal der **Cañada de los Guancheros** 3.

Nach insgesamt 1 Std. geht es hinab – mit Ausblick auf das Tal und den Zedernpass **Degollada del Cedro** 4, dem ›Durchgang‹ zwischen der Felsfestung und dem rechts aufragenden Cabezón-Kamm. Sogleich kommt man zu einer Gabelung: Rechts geht es mit Weg 25 ins Orotava-Tal, links mit Weg 22 zur Montaña Blanca. Wir aber gehen westwärts, am Fuß der zerklüfteten, senkrecht aufragenden Wände von **La Fortaleza** 5 entlang. Für Dramatik sorgen die abgesplitterten Gesteinstrümmer sowie große, aus der Ebene herauswachsende Felsen. Am Ende der Cañada de los Guancheros, wo der Weg markant abzufallen und sich zwischen dem Gestein zu verlieren beginnt, ist der Wendepunkt unserer Tour erreicht. Bevor es auf dem gleichem Weg zurück geht, kann man das prächtige Panorama des Vulkans Teide und den Tiefblick in den Inselnorden genießen – ein wahrhaft spektakulärer Ort für ein Picknick!

Infos

Centro de Visitantes El Portillo:
TF-21 Km 32/ TF-24 Km 43, Tel. 922 35 60 00, www.mma.es, tgl. 9–16 Uhr, Eintritt frei.
Schwierigkeitsgrad: Die Tour ist leicht und für alle machbar.
Ausrüstung: Festes Schuhwerk, warmer Pulli bzw. Jacke, Wasser und Proviant, evtl. Regenschutz.
Startpunkt: Centro de Visitantes El Portillo, TF-21, Km 32 (grün markiert *sendero* 1). Das Auto kann auf dem Parkplatz abgestellt werden (bitte

nichts darin liegen lassen!). Den Startpunkt erreicht man mit Bus 348 ab Puerto de la Cruz, ab Südküste mit Linie 342 (jeweils um 9.15 Uhr).
Länge: 10,4 km (hin und zurück).
Dauer: ca. 3.30 Std.
Übernachten: im Parador 1 (s. S. 107) oder in Vilaflor (s. S. 103).

Essen und Trinken

Wenig attraktiv ist das Restaurant **El Portillo** 1 an der Kreuzung unterhalb des Besucherzentrums. Besser ist das Panoramacafé am Parador 1.

Parque Nacional del Teide

Infos und Termine

Auto: Wer mit dem Auto anreist, kann es gratis auf Parkplätzen in El Portillo, an der Seilbahnstation, am Parador und den Roques de García abstellen.

Bus: Linie 342 (Las Américas – Vilaflor – Parador – El Portillo) und Linie 348 (Puerto de la Cruz – La Orotava – El Portillo – Parador) starten jeweils morgens um 9.15 Uhr Richtung Teide und erreichen El Portillo bzw. den Parador gegen 11 Uhr. Die Rückfahrt für beide Linien ist auf 16 Uhr festgelegt.

Parador ► D 5

Bei Km 46,8 passiert man den **Parador,** ein staatliches Hotel nebst Kapelle. Mit seiner blassvioletten Fassade und den tief herabgezogenen Giebeldächern fügt es sich gut ins Panorama ein. Wer hier wohnt, hat das beneidenswerte Privileg, die Teide-Landschaft morgens und abends mit wenigen Gleichgesinnten zu genießen. Nebenan öffnet das **Besucherzentrum Cañada Blanca,** das Informationen zum Nationalpark bündelt; auch Infoblätter zu Wandertouren liegen aus (Centro de Visitantes Cañada Blanca, Las Cañadas, Tel. 922 37 33 91, tgl. 10–16 Uhr, Eintritt frei).

Übernachten

Auf dem Inseldach – **Parador de Cañadas de Teide:** Las Cañadas, Tel. 922 38 64 15, www.parador.es, DZ ab 130 €. Das Dreisterne-Haus in 2100 m Höhe ist gemütlich eingerichtet und bietet darüber hinaus Indoor-Pool, Sauna und Fitnessraum.

Essen und Trinken

Gediegen – **Restaurant Parador:** Las Cañadas, Parador, tgl. 13–15.30, 19–23 Uhr, um 20 €. Gehoben-rustikales Ambiente, dazu Deftiges, das wärmt: Eintopf, Zicklein, Lamm und Kaninchen.

Fastfood mit Panorama – **Café del Parador:** tgl. 10–18 Uhr, um 10 €. Das Essen ist überteuert, doch mangels Alternativen kehren viele hier ein.

Roques de García ► D 5

Gegenüber vom Parador (TF-2, Km 46,7) führt eine Stichstraße zu einem Aussichtsbalkon, dem **Mirador de la Ruleta,** der Ausblick auf die Felsformation Roques de García gewährt. Kein Wunder, dass sich hier Menschentrauben bilden – der Blick hinab auf die immense Aschewüste der Ucanca-Ebene ist wahrhaft grandios! Man überschaut die Ebene und erwartet jeden Augenblick das Auftauchen urzeitlicher Wesen – hier wurde nicht zufällig »Kampf der Titanen« gedreht! Rechts ragen dramatisch verwitterte Felsgiganten auf, so der ›Finger Gottes‹ und die ›Kathedrale‹; am spektakulärsten ist der keulenartige Roque Cinchado. Weg von der Menschenmenge führt der spektakuläre Rundweg Sendero 3 (5 km/1.20 Std.).

Parque Nacional del Teide ► C–E 4–6

Snowboard auf den Kanaren? Schneeverwehungen und vereiste Straßen? Es kommt vor, dass Touristen in Shorts und T-Shirt von der sonnigen Südküste aufbrechen, um sich wenig später in einer winterlichen Landschaft wiederzufinden. Schuld am Klimakontrast ist der in der Mitte Teneriffas aufragende, 3718 m hohe **Teide,** Spaniens höchster Berg und einer der mächtigsten Vulkane weltweit. Er ist als Nationalpark geschützt und Welterbe der UNESCO. Doch

Das Inselzentrum

Wandern im Nationalpark

Der Nationalpark ist ein Wanderparadies: 35 Wege, von leicht bis schwer, viele davon als Rundwege angelegt, erschließen die Vulkanlandschaft. Sie sind markiert, sodass sie auch ohne Führer problemlos erwandert werden können – vor dem Start kann man in den Besucherzentren von El Portillo und dem Parador auf Deutsch den Verlauf auf einer Karte einsehen; mit etwas Glück ist auch ein Faltblatt verfügbar. Wer nicht allein wandern will, kann sich den von der Leitung des Nationalparks organisierten Gratistouren anschließen (Anmeldung in El Portillo).

beeindruckend ist nicht nur der Gipfel des Teide (**direkt 15 ▶** S. 109), sondern auch die ihm zu Füßen liegende Vulkanlandschaft: Der gigantische, in über 2000 m Höhe aufgetürmte **Krater der Cañadas** besteht aus Lavawällen, die ein Oval von bis zu 16 km Durchmesser bilden. An seinem Rand quellen breiige Bänder erstarrten Magmas hervor; weite Ebenen sind mit schwarzen Schlackefeldern, gelben Bimsstein- und Lapillifeldern bedeckt. Hier und da liegen herausgeschleuderte Obsidianbrocken.

So wild die Szenerie auch erscheint, verkehrstechnisch ist sie bestens erschlossen. Aus allen Himmelsrichtungen führen Panoramastraßen in den Nationalpark, für die Fahrt braucht man jeweils kaum länger als eine Stunde. Weil die Zufahrten unterschiedliche Eindrücke bereithalten, empfiehlt es sich, Hin- und Rückfahrt zu variieren. Am intensivsten erlebt man die Landschaft zu Fuß. Einige markierte Touren sind mit gutem Schuhwerk problemlos begehbar, als Einstieg empfiehlt sich der Weg zur ›Felsfestung‹, s. S. 105).

Die spektakulärste Zufahrt erfolgt auf der **TF-24 ab La Laguna:** eine 43 km lange Traumstraße über die Cumbre Dorsal, das ›Inselrückgrat‹. Hinter dem Ort La Esperanza taucht man in Kiefernwald ein, bei Km 10 zweigt eine Piste zum Picknickplatz Las Raíces ab. Anschließend passiert man grandiose Aussichtspunkte: Am Mirador Ortuño (Km 19,5) hat man den ersten Teide-Blick; bei Km 26 lohnt der Abzweig zum Mirador del Norte und Mirador del Sur. Wo bei Km 32 – jenseits der Baumgrenze – die Straße den Fels durchstößt, zeigen die Seitenwände den Aufbau eines Schichtvulkans. Wenig später erblickt man die Science-Fiction-Türme des Observatorio Astronómico del Teide. Bei Km 43 erreicht man das Besucherzentrum El Portillo.

Wählt man die **TF-21 ab La Orotava,** passiert man oberhalb von Aguamansa dichten Kiefernwald, aus dem zwischen Km 22 und 23 eine große Basaltrosette aufragt. Weiter oben wird der Wald spärlicher, die Passatwolke verfliegt und strahlend blauer Himmel überstrahlt das Hochgebirge.

Wer vom Süden kommt, wählt die **TF-21 ab Vilaflor,** die hinter dem Mirador Pino Gordo in Kiefernwald eintaucht. Bei Km 65,9 geht eine Piste zur Mondlandschaft ab (s. S. 103); bei Km 58,5 passiert man den Picknickplatz Las Lajas. Bald lichtet sich der Wald, sodass man bei klarer Sicht die Nachbarinseln Gomera und dahinter El Hierro erkennt. Am Pass Boca de Tauce (Km 53,4) hält man sich rechts und gelangt ins Herz des Nationalparks.

Wer im Nordwesten Urlaub macht, folgt der **TF-38 ab Chío,** die durch Schlackefelder zum Pass Boca de Tauce führt.

108

15 | Auf den Gipfel des Teide – Spaniens höchsten Berg

Karte: ▶ D 5

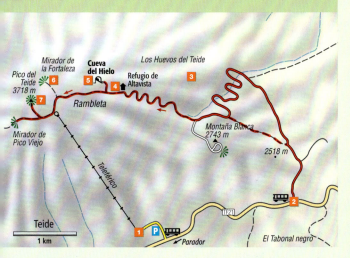

Der Weg führt über Lavaströme und Steinwüsten, vorbei an ›Rieseneiern‹ und einem Weißen Berg. Nie erlebt man die Natur intensiver als auf Schusters Rappen: den Auf- und Untergang der Sonne, die Wanderung des mächtigen Teide-Schattens über das Schluchtenrund der Cañadas und das nächtliche Sternenmeer. Wer es schnell mag, wählt die Seilbahn.

Bequem mit dem Teleférico

An der Südflanke des Teide, bei Km 43, zweigt eine Stichstraße zur **Seilbahnstation** 1 ab. Wer hinauf will, sollte sich gut anziehen, denn oben kann es kalt sein! Doch nicht nur auf niedrige Temperaturen, auch auf lange Wartezeiten sollte man sich einstellen. Weht kein starker Wind, fährt die Seilbahn etwa alle 10 Min. zur 3555 m hohen Bergstation *(rambleta)*. Ein prächtiger Panoramablick über Teneriffa und – bei klarer Sicht – über den gesamten Archipel ist der Lohn.

Erste Etappe: Zu den ›Teide-Eiern‹

Wer wandern will, fährt bis zum Ausgangspunkt der Tour bei Km 40,7 2 (ausgeschildert »Refugio/Pista Montaña Blanca«, *sendero* 6/7). Langsam zieht der Weg sich durch eine Landschaft aus braunem bis graugrünem Bimssteingrus in die Höhe. Nach ca. 15 Min. kommt man zu einer Wegkreuzung und hält sich links. 5 Min. später geht ein kleiner, steiler Pfad abkürzend

109

Das Inselzentrum

> **Übrigens:** Die ›Teide-Eier‹ sind Viermeter-Giganten, die wie Kunstskulpturen aus der Steinwüste aufragen. Es handelt sich um bei Vulkanexplosionen weit herausgeschleuderte Magma-Bomben – Land Art vom Feinsten!

nach links in Richtung Montaña Blanca, ein aktiver Vulkan, der zurzeit ›schläft‹. Es empfiehlt sich nicht, diesen Weg zu nehmen, weil er beschwerlicher zu gehen ist und nicht unmittelbar an den so genannten Huevos del Teide (›Teide-Eiern‹) vorbeikommt.

Gut 20 Min. nach dem Abzweig sieht man zur Rechten die Grundmauern eines Hauses in der Nähe eines ›Teide-Eis‹. Nach weiteren 10 Gehmin. steht man mitten in den weit geschwungenen Serpentinen (50 Min.), die das Feld der **Huevos del Teide** 3 durchqueren. Jüngere, schwarze Lava überdeckt in breiten Zungen die lockeren Lapilli-Felder. Dort, wo noch Sonnenstrahlen auf die dunklen Flächen fallen, blinkt glasiger Obsidian.

Zweite Etappe: Zur Schutzhütte

Nach 1 Std. zeigt ein Schild den Weg zur Altavista-Hütte (Refugio de Altavista) an. Links führt ein Pfad auf den Gipfel der Montaña Blanca, den man besser auslassen sollte – immerhin hat man noch 1000 Höhenmeter vor sich! Wenig später beginnt an einem verfallenen Gemäuer, nach insgesamt 5 km, der steile Anstieg zur Berghütte. Man hat hier bereits die Höhe von 2800 m erreicht.

Ungefähr 20 Min. nach Passieren des Schildes erreicht man ein wie zum Rasten geschaffenes Plateau mit geborstenen Zyklopenfelsen und dem Namen **Estancia de los Ingleses** (Aufenthalt der Engländer). Kurz darauf

folgt eine ähnlich aussehende Stätte, die sich einst deutsche Kletterer zur Rast erkoren, die **Estancia de los Alemanes**.

Das Geräusch eines Generators kündigt die Hütte, den **Refugio de Altavista** 4 an (3 Std., 3300 m). Falls Sie nicht zu spät losgewandert sind, können Sie noch zur Eishöhle **Cueva de Hielo** 5 gehen, weil am Morgen dazu keine Zeit bleibt, wenn man den Sonnenaufgang auf dem Teide erleben will. Bis zur Eishöhle sind es etwa 20 Min. Sie befindet sich rechts des Weges, ein Schild weist am Abzweig auf sie hin. Nehmen Sie eine Taschenlampe mit, da Sie in der finsteren Höhle sonst nichts erkennen können!

Dritte Etappe: Auf den Gipfel!

Will man vor Sonnenaufgang auf dem Teide sein, muss man dem Wirt Bescheid sagen. Er weckt einen dann zwei Stunden vorher. Im Sommer ist das gegen 5 Uhr. Wenn man losmarschiert, ist es noch stockdunkel. Neben der Taschenlampe ist die Orientierung, die man sich am Vorabend auf dem Weg zur Eishöhle verschafft hat, von erheblichem Nutzen. Fällt die Taschenlampe aus, müssen Sie nicht verzweifeln: Die Augen gewöhnen sich rasch ans Dunkel, erkennen das matte Grau des vielbeschrittenen Weges.

20 Minuten nach Passieren des Zugangs zur Eishöhle empfiehlt sich ein fünfminütiger Abstecher rechts hinüber zum Aussichtspunkt **Mirador de la Fortaleza** 6, der einen Tiefblick auf das Valle de Orotava bietet. Anschließend folgt man dem Hauptweg bis fast zur *rambleta*, der Bergstation der Seilbahn (4 Std., 3555 m). Hier hält man sich rechts und steigt steil hinauf zum **Pico del Teide** 7, dem Gipfel des mit 3718 m höchsten Bergs Spaniens (4.30 Std.). Das Panorama ist atemberau-

15 | Auf den Gipfel des Teide

bend – in der durchsichtigen Hochgebirgsluft scheinen alle Inseln des Archipels zum Greifen nah. Dazu umwehen schwefelhaltige, aus Gesteinsspalten tretende Dämpfe die Nase. Die Temperatur in den Öffnungen beträgt etwa 85 °C, sodass Sie darin ein Ei kochen könnten! Die Schwefelgase gelten zwar als Zeichen für abklingenden Vulkanismus, rufen aber ins Gedächtnis, auf welcher Art von Terrain man steht – immerhin ist der Chineyro erst 1909 ausgebrochen... Der Rückweg erfolgt per Seilbahn.

Schnuppertour: Wer nur einen kurzen Eindruck gewinnen will, läuft nur die ersten, geologisch sehr interessanten Kilometer bis zu den Teide-Eiern und kehrt anschließend zur Straße zurück (1 Std. hin und zurück).

Infos

Anfahrt: Startpunkt ist TF-21, Km 40,7 (markiert *sendero* 7). Der Leihwagen kann auf dem kleinen Parkplatz abgestellt werden, bitte nichts darin liegen lassen! Wer mit dem Bus kommt (ab Puerto de la Cruz Linie 348, ab Südküste Linie 342 jeweils 9.15 Uhr), sollte den Busfahrer bitten, am Kilometerstein zu halten!

Länge: 13 km (eine Richtung)

Dauer: 4.30 Std. (eine Richtung)

Schwierigkeitsgrad: Die Tour ist lang und anstrengend, aber technisch einfach. Allerdings sollte man eine gute Gesamtkondition mitbringen, denn der steile Anstieg und die dünne Luft in knapp 4000 m Höhe können bei ungeübten Wanderern Kreislaufprobleme verursachen. Teilweise starker Wind und Temperaturunterschiede (am Gipfel 23 Grad kälter als an der Küste).

Ausrüstung: Sie brauchen gut eingelaufene Wanderschuhe, viel Wasser und Proviant, warme Kleidung, Schutz vor Sonne und Wind; Handschuhe und Wollmütze sind von Vorteil. Wer die Eishöhle besichtigen bzw. den Sonnenuntergang auf dem Gipfel erleben will, sollte eine Taschenlampe dabei haben.

Seilbahn: Teleférico, Tel. 922 01 04 45, www.telefericoteide.com, bergauf 9–16 Uhr, bergab 10–17 Uhr, hin und zurück 25 €, Kinder bis 14 Jahre die Hälfte.

Anmeldung und Übernachten

Da sich auf dem Gipfel nur 150 Menschen gleichzeitig aufhalten dürfen, muss vorher im Besucherzentrum des Nationalparks in La Orotava eine Erlaubnis eingeholt werden. Dazu muss man den Personalausweis samt Kopie vorlegen und sich für die Tour auf ein exakt deklariertes Zeitfenster festlegen (Centro de Visitantes, La Orotava, Calle Domingo Hernández González/Urb. El Mayorazgo, http://reddeparquesnacionales.mma.es/parques/teide; per Fax oder E-Mail mind. 7 Tage Vorlauf: Fax 922 24 47 88, teide@oapn.mma.es). Die mühselige Prozedur erspart sich, wer in der **Berghütte Refugio de Altavista** eine Zwischenübernachtung einlegt, was ohnehin sinnvoll ist, da der Aufstieg über 1400 Höhenmeter kräftezehrend ist. Ein Restaurant gibt es in der Hütte nicht, doch kann man in der Gemeinschaftsküche mitgebrachtes Essen aufwärmen. Reservierung ist obligatorisch (Tel. 922 01 04 40, Fax 922 28 78 37, www.refugioaltavista.com, 60 Betten, max. eine Nacht, 20 € p. P. inkl. Decke und Laken). Die Summe ist vorher zu überweisen. Sollte der Weg gesperrt und die Hütte nicht erreichbar sein, wird der Betrag zwar nicht erstattet, doch der Anspruch auf die Übernachtung bleibt bestehen. Wer Ruhe mag, sollte werktags aufsteigen, am Wochenende wird es voll!

Sprachführer Spanisch (Kastilisch)

Aussprachregeln

Wörter, die auf Vokal, n oder s enden, werden auf der vorletzten Silbe betont, alle anderen auf der letzten Silbe. Von diesen Regeln abweichende Betonungen verdeutlicht ein Akzent (z. B. teléfono). Treffen zwei Vokale aufeinander, so werden beide einzeln gesprochen (z. B. E-uropa).

Konsonanten:

c vor a, o, u wie k, z. B. casa,
    vor e, i wie englisches th, z. B. cien
ch wie tsch, z. B. chico
g vor e, i wie deutsches ch, z. B. gente
h wird nicht gesprochen
j wie deutsches ch, z. B. jefe
ll wie deutsches j, z. B. llamo
ñ wie gn bei Champagner, z. B. niña
qu wie k, z. B. porque
y wie deutsches j, z. B. yo (außer am Wortende)
z wie englisches th, z. B. azúcar

Allgemeines

guten Morgen/Tag	buenos días
guten Tag (nachmittags)	buenas tardes
guten Abend/ gute Nacht	buenas noches
auf Wiedersehen	adiós
Entschuldigung	disculpe, perdón
hallo, grüß dich/Sie	hola, ¿qué tal?
bitte	por favor
danke	gracias
ja/nein	sí/no
Wie bitte?	¿perdón?

Unterwegs

Busbahnhof	la estación de guaguas
Flughafen	el aeropuerto
Bus/Straßenbahn/ Auto	autobús/tranvía/ coche
Haltestelle	la parada
Parkplatz	el aparcamiento
Fahrkarte	el billete
Tankstelle	la gasolinera
Eingang	la entrada
Ausgang/ -fahrt	la salida
rechts	a la derecha
links	a la izquierda
geradeaus	todo recto
hier/dort	aquí/allí
Auskunft	información
Stadtplan	mapa de la ciudad
Postamt	correos
geöffnet	abierto/-a
geschlossen	cerrado/-a
Kirche	la iglesia
Museum	el museo
Strand	la playa
Straße	la calle
Platz	la plaza

Übernachten

Hotel/Pension	el hotel/la pensión
Einzelzimmer	habitación individual
Doppelzimmer	habitación doble
mit/ohne Bad	con/sin baño
Toilette	el servicio
Dusche/Bad	la ducha/el baño
mit Frühstück	con desayuno
Halbpension	media pensión
Gepäck	el equipaje
Rechnung	la cuenta

Einkaufen

kaufen	comprar
Geschäft/Markt	la tienda/el mercado
Geld	el dinero
Geldautomat	el cajero automático
bar	en efectivo
Kreditkarte	la tarjeta de crédito
Lebensmittel	la comida
teuer/billig	caro/barato
wieviel	¿cuánto?
bezahlen	pagar

Notfall

Apotheke	farmacia
Arzt/Zahnarzt	el médico/el dentista
Hilfe!	¡socorro!
Krankenhaus	el hospital, la clínica
Polizei	la policía
Schmerzen	dolores
Unfall	el accidente

Sprachführer

Zeit, Wochentage

Stunde	la hora
Tag	el día
Woche	la semana
Monat	el mes
Jahr	el año
heute	hoy
gestern	ayer
morgen	mañana
morgens	por la mañana
mittags	a mediodía
abends	por la noche
früh, spät	temprano, tarde
Montag	lunes
Dienstag	martes
Mittwoch	miércoles
Donnerstag	jueves
Freitag	viernes
Samstag	sábado
Sonntag	domingo

Zahlen

1	uno	17	diecisiete
2	dos	18	dieciocho
3	tres	19	diecinueve
4	cuatro	20	veinte
5	cinco	21	veintiuno
6	seis	30	treinta
7	siete	40	cuarenta
8	ocho	50	cincuenta
9	nueve	60	sesenta
10	diez	70	setenta
11	once	80	ochenta
12	doce	90	noventa
13	trece	100	cien
14	catorce	150	cientocincuenta
15	quince	200	doscientos
16	dieciséis	1000	mil

Die wichtigsten Sätze

Allgemeines

Sprechen Sie Deutsch/Englisch? ¿Habla usted alemán/inglés?
Ich verstehe nicht. No entiendo.
Ich spreche kein Spanisch. No hablo español.
Ich heiße ... Me llamo ...
Wie heißt Du/heißen Sie? ¿Cómo te llamas/se llama?
Wie geht es Dir/Ihnen? ¿Cómo estás/está usted?
Danke, gut. Muy bien, gracias.
Wie viel Uhr ist es? ¿Qué hora es?

Unterwegs

Wie komme ich zu/nach ...? ¿Cómo se llega a ...?
Wo ist ...? ¿Dónde está ...?
Könnten Sie mir bitte ... zeigen? ¿Me podría enseñar ..., por favor?

Notfall

Können Sie mir bitte helfen? ¿Me podría ayudar, por favor?
Ich brauche einen Arzt. Necesito un médico.
Hier tut es mir weh. Me duele aquí.

Übernachten

Haben Sie ein freies Zimmer? ¿Hay una habitación libre?
Wie viel kostet das Zimmer pro Nacht? ¿Cuánto vale la habitación al día?
Ich habe ein Zimmer bestellt. He reservado una habitación.

Einkaufen

Wie viel kostet ...? ¿Cuánto vale ...?
Ich brauche ... Necesito ...
Wann öffnet/schließt ...? ¿Cuándo abre/cierra ...?

Kulinarisches Lexikon

Frühstück (desayuno)

churros con chocolate	Fettgebäck mit Trinkschokolade
embutidos	Wurstwaren
fiambres	Aufschnitt
huevo	Ei
huevo frito	Spiegelei
huevo revuelto	Rührei
jamón	Schinken
leche	Milch
mantequilla	Butter
miel	Honig
pan	Brot
panecillo	Brötchen, Semmel
queso	Käse
tortilla	Kartoffelomelett

Getränke (bebidas)

café solo	Espresso
café cortado	Espresso mit Milch
café con leche	Milchkaffee
caña	Bier vom Fass
cerveza	Bier
guindilla	Sauerkirschlikör auf Rumbasis
hielo	Eis in Getränken
vino blanco	Weißwein
vino rosado	Roséwein
vino tinto	Rotwein
vino seco	trockener Wein
vino de mesa	Tischwein
zumo	frisch gepresster Saft

Suppen (caldos)

cocido	Eintopf
escaldón	Gofio-Gemüsebrühe
gazpacho	kalte Gemüsesuppe
potaje	Gemüseeintopf
puchero	Gemüseeintopf mit Fleisch

Gemüse (legumbres, verduras)

ajo	Knoblauch
alcachofa	Artischocke
batata	Süßkartoffel
berenjena	Aubergine
garbanzo	Kichererbse
guisante	Erbse
hierbas	Kräuter
hongos, setas	Pilze
judías verdes	grüne Bohnen
lechuga	grüner Salat
papa	Kartoffel
pepino	Gurke
pimiento	Paprika
zanahorias	Karotten

Beilagen (guarniciones)

arroz	Reis
gofio	Speise aus geröstetem Getreide
papas arrugadas	›Runzelkartoffeln‹
papas fritas	Pommes frites
pastas	Nudeln

Fleisch (carne)

albóndigas	Fleischbällchen
asado	Braten, gebraten
aves	Geflügel
bistec	Beefsteak, Steak
cabra, cabrito	Ziege, Zicklein
carajaca	Leber in Pfeffersoße
chuleta	Kotelett
cochinillo	Spanferkel
conejo	Kaninchen
cordero	Lamm
escalope	Schnitzel
estofado	Schmorbraten
galina	Huhn
guisado	Schmorfleisch
lomo	Lende
parillada	vom Grill, Grillplatte
pato	Ente
picadillo	Gehacktes
pollo	Hühnchen
salchichas	kleine Bratwürste
solomillo	Filet
de cerdo	vom Schwein
de res, de vaca	vom Rind
de ternera	vom Kalb

Fisch und Meeresfrüchte (pescado y mariscos)

almeja	Venusmuschel
atún	Tunfisch
bacalao	Kabeljau

Kulinarisches Lexikon

bogovante	Hummer	bizcocho	süßes Gebäck
bonito	kleine Tunfischart	flan	Karamelpudding
caballa	Makrele	frangollo	Maispudding
calamares	Tintenfische	fresas	Erdbeeren
camarones	kleine Krabben	helado	Speiseeis
cangrejo	Krebs	higos	Feigen
cigala	kleine Languste	limón	Zitrone
dorada	Goldbrasse	macedonia de frutas	Obstsalat
gambas	Garnelen	manzana	Apfel
langostinos	große Garnelen	melocotón	Pfirsich
lenguado	Seezunge	naranja	Orange
mariscos	Meeresfrüchte	pasteles	Kuchen, Gebäck
mejillones	Miesmuscheln	piña	Ananas
merluza	Seehecht	sandía	Wassermelone
mero	Zackenbarsch	tarta	Torte
pez espada	Schwertfisch	turrón	Mandelgebäck
pulpo	Oktopus, Krake	uva	Weintraube
rape	Seeteufel		
raya	Rochen	**Zubereitungen**	
salmón	Lachs	ahumado	geräuchert
sancocho	gesalzener Fisch mit Kartoffeln	a la plancha	auf heißer Metall-platte gegart
vieja	Papageienfisch	bien hecho	durchgebraten
zarzuela	Fisch und Meeres-früchte in Soße	con mojo picón (rojo)	mit scharfer Soße
		con mojo verde	mit Kräutersoße
		empanado	paniert
Obst und Desserts (fruta y postres)		frito	gebacken, gebraten
aguacate	Avocado	maduro	reif
almendra	Mandel	medio hecho	halb durchgebraten
bienmesabe	Mandel-Honig-Creme	nata	Sahne, Rahm
		salsa	Soße

Im Restaurant

Ich möchte einen Tisch reservieren. Quisiera reservar una mesa.
Die Speisekarte, bitte. La carta, por favor.
Weinkarte la carta de vinos
Die Rechnung, bitte. La cuenta, por favor.
Kellner/Kellnerin camarero/camarera
Frühstück el desayuno
Mahlzeit/Essen la comida
Abendessen la cena
Häppchen, Portion la tapa, la ración
Vorspeisen entremeses
Hauptgericht el plato principal, el plato segundo
Nachspeise el postre
Tagesmenü menú del día
vegetarische Kost la comida vegetariana
Messer, Gabel, Löffel, Teelöffel el cuchillo, el tenedor, la cuchara, la cucharilla
Glas, Flasche el vaso, la botella
Zucker, Süßstoff el azúcar, la sacarina
Salz, Pfeffer la sal, la pimienta

Register

Afur 101
Alcalá 64
Anaga-Gebirge 100
Anreise 18

Bahía del Duque 24, **63**
Bajamar 99
Barranco del Infierno 62
Barranco San Blas 52
Behinderte 23
Benijo 102
Bootsausflüge 24, 56
Buchungsportale 15
Buenavista del Norte 70
Bus 27

Camping 15
Cañada de los
    Guancheros 106
Cañadas 107
Candelaria 43
Chinamada 101
Conquista 12
Costa Adeje 59, **61**
Costa Salada 97
Cueva del Viento 82
Cuevo de Hielo 110

Degollada del Cedro 106
Delfine 56
Domínguez, Óscar 31, **45**
Drachenbaum 36, 80
Drago s. Drachenbaum

Einreisebestimmungen 19
El Médano 49
El Portillo **104,** 105
El Pris 99
El Sauzal 97
Events 19

Fähren 27

Feiertage 19
Ferienhäuser 15
Feste 19
Fremdenverkehrsämter
    21

Garachico 76
– Convento de San
    Francisco 78
– Iglesia de Santa Ana 79
– Palacio de los Condes
    de La Gomera 78
– Parque Municipal 79
– Plaza de Abajo 79
– Plaza de la Libertad 78
Geld 20
Gesundheit 20
Golf 24
Golf del Sur 54
Granadilla 50
Guanchen **12,** 47, 51
Guanchen-Pyramiden 47
Güímar 47

Herbergen 15
Heyerdahl, Thor 47,48
Huevos del Teide 110
Humboldt, Alexander von
    8

Icod de los Vinos **80,** 82
Internet 26
Internetadressen 21

Karneval 11
Kinder 22
Klima 22

La Caleta 65
La Fortaleza107
La Hija Cambada 101
La Laguna 40

– Altstadt 40
– Casa de los Capitanes
    41
– Casa Lercaro 42
– Catedral de los Reme-
    dios 41
– Convento de Santa Ca-
    talina 40
– Convento San Agustín
    42
– Convento Santa Clara
    42
– Ermita San Miguel 40
– Fundación Cristino de
    Vera 42
– Iglesia de Nuestra
    Señora de la Concep-
    ción 41
– Iglesia de Santo
    Domingo 41
– Instituto Cabrera Pinto
    42
– Museo de Historia de
    Tenerife 42
– Museo de la Ciencia y
    del Cosmos 42
– Palacio Episcopal 42
– Plaza de la Concepción
    41
– Plaza del Adelantado
    40
– Sala de Arte María
    Rosa Alonso 42
– Santuario del Santísimo
    Cristo de La Laguna 42
– Universität 42
La Orotava 91
– Artenerife 93
– Casa de los Balcones
    95
– Casa del Turista 95
– Casa Lercaro 94

Register

- Convento de San Agustin 92
- Doce Casas 94
- Hospital de la Santísima Trinidad 95
- Iglesia de Nuestra Señora de la Concepción 94
- Jardín Victoria 92
- Liceo de Taoro 92
- Molino de Gofio la Máquina 94
- Museo de Artesanía Iberoamericana 93
- Museo de Céramica 93
- Museo de la Alfombras 93, **95**
- Plaza de la Constitución 91
- Plaza del Ayuntamiento 92

Las Américas 55
Lava 51, 79, 82f., 83, 110
Lorbeerwald 100
Loro Parque 89
Los Abrigos 51, **54**
Los Cristianos 54
Los Gigantes 68
Los Silos 74

Masca 71
Masca-Schlucht 71
Mesa del Mar 99
Mietwagen 27
Mirador Cruz del Carmen 101
Mirador de Aguaide 101
Mirador de Jardina 101
Mirador de la Paz 87
Mirador del Pico del Inglés 101
Montaña Pelada 50
Montaña Roja 49

Notrufe 23

Öffnungszeiten 22

Paisaje Lunar 103
Parador 107
Parque Nacional del Teide 107
Passatwind 8
Playa Bollulo 88
Playa de Abama **24**, 68
Playa de la Arena **24**, 68
Playa de la Jaquita 49
Playa de la Tejita **24**, 49
Playa de las Teresitas **24**, 39
Playa de las Vistas **24**, 55, 60
Playa de los Cristianos 55
Playa de San Blas 53
Playa de San Marcos 81
Playa de Troya 63
Playa del Camisón **24**, 60
Playa del Draguillo 102
Playa del Duque 64
Playa del Médano **24**, 49
Playa del Tamadite 101
Playa el Castro 24
Playa Jardín 24, 88
Playa la Fajana 24
Playa Martiánez 84, 88
Playa Torviscas 63
Playas de Fañabé **61**, 63
Ponte, Cristóbal del 79
Puerto de la Cruz 84
- Capilla San Telmo 85
- Casa de Aduana 85
- Casillo San Felipe 87
- Iglesia de San Francisco 86
- Iglesia Nuestra Señora de la Peña 86
- Jardín Botánico 87
- Jardín de Orquideas Sitio Litre 87
- Lago Martiánez 84
- Museo Arqueológico 87
- Parque Taoro 87
- Plaza de Europa 85
- Plaza de la Iglesia 85
- Plaza del Charco 85
- Punta del Viento 85
- Rathaus 85
- Risco Bello 87
Puerto de Santiago 68
Punta de Teno 75
Punta del Hidalgo 99

Radfahren 25
Rafael Alberti 79
Rauchen 23
Reiten 25
Reserva Ambiental de San Blas 51
Roque de las Bodegas 102
Roque de Peral 106
Roques de García 107

San Cristóbal de La Laguna, siehe La Laguna
San Juan 64
San Juan de la Rambla 81
Santa Cruz 30
- Altstadt 30
- Auditorio 34, 38
- Centro Cultural Caja Canarias 34
- Centro de Arte La Recova 31
- Centro de Ferias y Congresos 34
- Círculo de Amistad XII de Enero 34
- Círculo de Bellas Artes 34
- Galería de Arte 36
- Iglesia de San Francisco 34
- Iglesia Nuestra Señora de la Concepción 30
- Mercado de Nuestra Señora de África 31
- Museo de Bellas Artes 34
- Museo de la Naturaleza y el Hombre 30

Register

- Noria-Viertel 30, 38
- Parque Marítimo 34
- Parque Sanabria 37
- Plaza de España 30
- Plaza del Príncipe 34
- Rambla 37
- TEA (Tenerife Espacio de Arte) 31

Santiago del Teide 70
Siam Park 60
Sicherheit 23

Siesta 10
Strände 24
Surfen 25

Tacoronte 96
Taganana 102
Tauchen 25
Taxi 27
Teide 104, 107, **109**
Telefon 26
Teno-Gebirge 70

Übernachten 14

Valle de Orotava 9 26
Verkehr 27
Vilaflor 103
Vulkan 82, 83, 105

Wale 56
Wandern 26
Wein 17, 98

Das Klima im Blick — atmosfair

Reisen bereichert und verbindet Menschen und Kulturen. Wer reist, erzeugt auch CO_2. Der Flugverkehr trägt mit einem Anteil von bis zu 10 % zur globalen Erwärmung bei. Wer das Klima schützen will, sollte sich für eine schonendere Reiseform (z. B. die Bahn) entscheiden – oder die Projekte von *atmosfair* unterstützen. *Atmosfair* ist eine gemeinnützige Klimaschutzorganisation. Die Idee: Flugpassagiere spenden einen kilometerabhängigen Beitrag für die von ihnen verursachten Emissionen und finanzieren damit Projekte in Entwicklungsländern, die dort den Ausstoß von Klimagasen verringern helfen. Dazu berechnet man mit dem Emissionsrechner auf *www.atmosfair.de,* wie viel CO_2 der Flug produziert und was es kostet, eine vergleichbare Menge Klimagase einzusparen (z. B. Berlin – London – Berlin 13 €). *Atmosfair* garantiert die sorgfältige Verwendung Ihres Beitrags. Klar – auch der DuMont Reiseverlag fliegt mit *atmosfair!*

Autorin | Abbildungsnachweis | Impressum

Unterwegs mit Izabella Gawin

Izabella Gawin (1964) studierte Kunst, Spanisch und Deutsch und schrieb ihre Doktorarbeit über die Kolonialgeschichte der Kanaren. Doch statt eine akademische Laufbahn einzuschlagen, zog sie es vor, unterwegs zu sein. Sie hat das Reisen zum Beruf gemacht und zahlreiche Bücher zu europäischen Zielen verfasst. Die Kanaren haben es ihr so sehr angetan, dass sie dort jeden Winter mehrere Monate verbringt. Bei DuMont erschien von ihr auch das »Reise-Taschenbuch Gran Canaria«.

Abbildungsnachweis
DuMont Bildarchiv, Ostfildern: S. 7, 20, 25, 28/29, 31 36, 38, 56, 66, 80/ 81, 91, 93, 97, Umschlagrückseite (Sasse); 68/69, 72, 94, 104 (Zaglitsch)
Izabella Gawin, Bremen: S. 10, 13, 14, 44, 46, 47, 52, 62/63, 120
laif, Köln: S. 74 (Guichaoua/Hoa-Qui); Umschlagklappe vorn, (hemis.fr/Diziers); S. 84/85 (Hilger); 17 (Jaenicke); 78 (Jonkmanns); 8/9, 65 (Tophoven)
Mauritius, Mittenwald: Titelbild (imagebroker/Gerhard); S. 4/5 (Mirau)

Kartografie
DuMont Reisekartografie, Fürstenfeldbruck
© DuMont Reiseverlag, Ostfildern

Umschlagfotos
Titelbild: Wanderer am Fuß des Teide
Umschlagklappe vorn: Dörfer im Gebirge

Hinweis: Autorin und Verlag haben alle Informationen mit größtmöglicher Sorgfalt geprüft. Gleichwohl sind Fehler nicht vollständig auszuschließen. Alle Angaben erfolgen ohne Gewähr. Bitte schreiben Sie uns! Über Ihre Rückmeldung zum Buch und Verbesserungsvorschläge freuen sich Autorin und Verlag:
DuMont Reiseverlag, Postfach 3151, 73751 Ostfildern,
info@dumontreise.de, www.dumontreise.de

1. Auflage 2011
© DuMont Reiseverlag, Ostfildern
Alle Rechte vorbehalten
Redaktion/Lektorat: Ronit Jariv
Grafisches Konzept: Groschwitz/Blachnierek, Hamburg
Printed in Germany